급할 때 바로 찾아 말하는

시원스쿨 **여행**

스페인어

시원스쿨 여행 스페인어는

다음과 같은 생각에서 만들었습니다.

「여행 스페인어」 책은 스페인어를 배우는 책이 아니다!

스페인어의 기본적인 원리를 알고 익히려면 상상했던 것보다 훨씬 시간이 걸리는 것이 사실이다. 적게는 2개월에서 많게는 1년 정도가 걸린다.

「여행 스페인어」 책에 스페인어의 원리를 나열한다면 이 책의 두께가 지금의 3배는 되어야 할 것이다.

현실적으로 들고 다닐 책으로는 적합하지 않게 된다.

그러면 여행까지 3개월 정도의 시간을 앞두고 있는 우리에게 현실적으로 필요한 책은?

빨리 찾을 수 있는 책이어야 한다.

필요한 순간이 왔을 때 바로바로 눈에 문장들이 들어와야 한다.

이 책은 상황 → 단어 → 문장으로 연결된 국내 최초의 여행 스페인어 책이다.

상황 속에 포함된 단어를 떠올리고 거기에

적합한 문장을 바로 찾을 수 있게 했다.

이 책의 유일한 목표는 빨리 찾아 말하게

하는 것이다.

시원스쿨 여행 스페인어
100% 활용하는 법

색인 〈 미리 보는 여행 스페인어 사전 〉
단어와 문장만 순서대로 모아 놓은 색인, 모든 상황의 핵심 회화 표현이 가나다 순서대로 모아져 있어 필요한 문장을 빠르게 찾을 수 있다.

Step 1 여행지에서 겪을 수 있는 10가지 상황과 10개의 part

Step 2 각 상황별로 필요한 단어의 사전식 구성

단어만 말해도 말이 통한다.
여행에서 필요한 단어는 정해져 있고 많지도 않다. 급하면 약간의 바디 랭귀지와 함께 이 단어만 말해도 된다.

Step 3 해당 단어의 번호를 따라 문장 찾기

급할 때 빨리 찾아 읽는다.
1. 각 단어 옆에 표기되어 있는 번호대로 페이지를 따라가 보면 문장들을 찾을 수 있다. 언제 어디서든 필요한 문장들을 몇 초 안에 찾을 수 있다.
2. 여행에 필요한 상황은 총 10가지. 어떤 페이지를 펼치더라도 필요한 상황으로 빨리 넘어가도록 표시되어 있다.

할 말은 합시다!

여행하다 보면 어떤 곳을 가든 claim을 할 상황들이 생기게 마련이다. 이때 말이 안 통한다고 불이익을 당하기만 할 순 없는 법! 적절한 표현들을 에피소드로 엮어 재미있게 읽을 수 있다.

Step 4 실제로 듣고 말해서 실전 감각 익히기

문장 전체가 녹음되어 있는 MP3 파일을 통해 듣고 말하는 연습을 하여 실전 감각을 익힐 수 있다.

함께 활용하면 효과가 **UP**

시원스쿨 여행 스페인어 부록

1. 도서 안의 모든 문장을 MP3 파일로 제공
2. 스페인 · 중남미 배낭 여행을 위한 여행 정보 수록

   스페인어를 사용하는 국가인 중남미 대표 5개국 멕시코, 아르헨티나, 칠레, 페루, 콜롬비아의 필수 여행 정보를 담고 있다.

※ MP3 파일은 http://spain.siwonschool.com/에서 무료로 다운 받을 수 있습니다.

급할 때 바로 찾아 말하는

시원스쿨

여행 스페인어

S 시원스쿨닷컴

급할 때 바로 찾아 말하는

시원스쿨 **여행스페인어**

초판 1쇄 발행 2015년 5월 15일
개정 2쇄 발행 2023년 10월 31일

지은이 시원스쿨어학연구소·권진영
펴낸곳 (주)에스제이더블유인터내셔널
펴낸이 양홍걸 이시원

홈페이지 www.siwonschool.com
주소 서울시 영등포구 국회대로74길 12 시원스쿨
교재 구입 문의 02)2014-8151
고객센터 02)6409-0878

ISBN 979-11-6150-745-3 13770
Number 1-511105-22222207-04

목차 CONTENTS

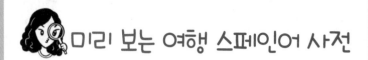
미리 보는 여행 스페인어 사전

필요한 단어와 문장이 한글 순서로 제시되어 있다.
원하는 문장을 골라 뒤에서 찾아보자.

ㄱ

여권

■ 여권이란

여권은 소지자의 국적 등 신분을 증명하는 공문서의 일종으로, 1회에 한하여 외국 여행을 할 수 있는 단수 여권과 유효 기간 만료일까지 횟수에 제한 없이 외국 여행을 할 수 있는 복수 여권이 있다.

■ 전자 여권이란

전자 여권이란 여권 내에 칩과 안테나를 추가하고 개인 정보 및 바이오 인식 정보를 칩에 저장한 기계 판독식 여권을 말한다. 여권의 위 변조 및 여권 도용 방지를 위해 우리나라는 2008년부터 일반 여권을 전자 여권 형태로 발급하고 있다.

■ 여권 발급

1. 필요한 서류

여권 발급 신청서, 여권용 사진(6개월 이내 촬영한 사진) 1매, 신분증

※ 여권 사진 규정

- 규격은 가로 3.5cm, 세로 4.5cm, 머리의 길이는 3.2~3.6cm
- 6개월 이내 촬영한 사진이어야 하며, 정면을 응시하며 어깨까지 나와야 한다.
- 뒤의 배경은 흰색이어야 한다.
- 복사한 사진, 포토샵으로 수정된 사진은 사용할 수 없다.
- 모자나 머플러 등의 액세서리는 착용해선 안 되고 안경 착용 시 빛 반사에 유의해야 하며 컬러렌즈는 착용 불가하다.
- 귀가 노출되어 얼굴 윤곽이 뚜렷이 드러나야 한다.
- 유아의 경우도 성인 사진 규정과 동일하며, 장난감이나 보호자가 사진에 노출되지 않아야 한다.

2. 전자 여권 발급 수수료(58면 기준)

구분	유효 기간 및 조건		수수료
복수 여권	10년 이내(18세 이상)		53,000원
	5년	만8세 이상~18세 미만	45,000원
		만8세 미만	33,000원
단수 여권	1년 이내		20,000원

※ 자세한 사항은 외교부 홈페이지 참고

3. 접수처

시도구청 여권과에서 주소지와 상관 없이 발급받을 수 있으며 기간은 신청일로부터 8~10일 정도 소요된다. (휴일 제외)

비자

■ 비자란

국가 간 이동을 위해서는 원칙적으로 사증(입국 허가)이 필요하다. 사증을 받기 위해서는 상대국 대사관이나 영사관을 방문하여 방문 국가가 요청하는 서류 및 사증 수수료를 지불해야 하며 경우에 따라서는 인터뷰도 거쳐야 한다.

■ 스페인어권 무비자 입국 가능 국가

90일	유럽	스페인
	중남미	멕시코, 아르헨티나, 페루, 칠레, 콜롬비아, 과테말라, 니카라과, 도미니카 공화국, 베네수엘라, 온두라스, 에콰도르, 엘살바도르, 우루과이, 코스타리카, 파나마
30일	중남미	파라과이
예외	중남미	쿠바: 투어리스트 카드 (USD 25) 구입, 여행자 보험 가입 시 30일간 입국 허용 푸에르토리코: 90일간 미국 비자 면제 프로그램 (ESTA) 사전 허가 필요 (USD 10) 볼리비아: 90일간 도착 비자 (USD 52)

※ 멕시코, 볼리비아, 에콰도르의 경우 체류 일자가 달라질 수 있으니 출국 전 외교부에서 확인 필요.

환전하기

■ **환율을 꼼꼼히 살펴보자.**

환율은 하루에도 수십 번 바뀌기 때문에 타이밍이 중요하다. 은행들이 환율 변동 흐름을 수시로 파악하고 적정한 환전 시점을 포착하는 데 도움을 주는 서비스를 무료로 제공하고 있다.

■ **주거래 은행에서 하자.**

은행마다 우수 고객에게 환전 수수료를 싸게 해주는 환율 우대 제도를 운영하고 있기 때문이다.

■ **인터넷 환전을 이용하자.**

인터넷 환전의 경우 수수료 할인이 높기 때문에 더 경제적이다.

■ **환율 우대율을 체크하자.**

환율 우대율은 높을수록 경제적이다(금액과 화폐 종류에 따라 10%부터 최대 90%까지 우대를 받는다).

■ **소액 환전의 경우 환율 우대 비율이 큰 차이가 없다.**

이럴 땐 그냥 평소 이용하던 은행 지점을 방문하거나 인터넷 환전을 이용한다.

☑ 알고 가면 좋을 환전 팁!

↳ 아르헨티나에서 달러에서 페소로 환전하는 것은 제한이 없지만 페소에서 달러는 개인당 500불까지만 환전할 수 있다. 때문에 암시장에서는 실제 환율보다 더 높은 가격에 달러를 페소로 거래할 수 있다. 플로리다 길 Avenida Florida [아베니다 플로리다]에 이런 암시장이 형성되어 있다. 가장 편한 방법은 호텔 로비에서 바꾸는 방법이다. 암시장보다는 낮은 가격에 거래되지만, 공식 환율보다는 훨씬 높은 가격으로 환전할 수 있다.

짐 꾸리기

안전하고 즐거운 여행을 위해 꼭 필요한 짐과 불필요한 짐을 나눠 효율적으로 꾸리는 것이 좋다. 그런데 여행하는 곳이 국내가 아닌 해외라면 더 신경 써서 준비해야 할 것들이 많다.

■ 짐 싸기 노하우

수하물로 부칠 캐리어 1개, 휴대용 가방 1개를 준비한다.
무거운 짐은 아래쪽으로, 가벼운 짐은 위쪽으로 놓는다.
옷은 찾기 쉽게 말아서 넣는다.
비상약, 속옷, 화장품 등 아이템별로 주머니에 담는다.
화장품은 샘플이나 미니 사이즈를 활용한다.
나라별로 콘센트를 확인하여 어댑터를 준비한다.

■ 수하물 준비 방법 및 유의 사항

–다용도 칼, 과도, 가위, 골프채 등은 휴대 제한 품목으로 분류되어 기내로 반입할 수 없으므로, 부칠 짐에 넣는다.

–라이터, 부탄가스 등 폭발 가능성이 있는 물건은 운송 제한 품목으로 항공기 운송이 금지되어 있어 짐으로 부칠 수 없다.

–파손되기 쉬운 물품이나 부패되기 쉬운 음식물, 악취 나는 물품 역시 부칠 수 없다.

■ 무료 수하물 허용량

여정, 좌석의 등급에 따라 짐의 크기 및 무게가 다르게 적용되므로 출발 전 조건에 맞는 무료 수하물 허용량을 확인하는 것이 좋다.

일반석의 경우 무게 23kg 이내, 세 변의 합이 158cm 이내인 짐 2개를 무료로 맡길 수 있고 이를 초과할 경우 금액을 지불해야 한다.

■ 기내 반입 가능한 수하물의 크기와 무게

일반석의 경우 크기가 55 x 40 x 20(cm) 또는 세 변의 합이 115cm이하여야 하며, 무게는 12kg까지 가능하다. 개수는 이외에 1개 추가 허용이 가능하다.

■ 여행 준비물 체크리스트

휴대용 가방

☐ 항공권   ☐ 여권 비자(복사본도 준비)

☐ 환전한 돈   ☐ 호텔 정보 or 패키지 여행 일정

☐ 시계   ☐ 신용카드

☐ 선글라스   ☐ 썬크림

☐ 필기구   ☐ 카메라

☐ 휴대폰

캐리어

☐ 카메라 충전기   ☐ 휴대폰 충전기

☐ 콘센트 어댑터   ☐ 비상약(두통약, 해열제, 감기약, 모기약 등)

☐ 수영복   ☐ 양말

☐ 속옷   ☐ 트레이닝복 및 여벌 옷

☐ 슬리퍼 및 운동화   ☐ 우산

☐ 휴대용 화장품   ☐ 세면도구

☐ 여행용 화장품   ☐ 여행용 목욕 용품

☑ 알고 가면 좋을 짐 꾸리기 팁↘

↳ **스페인**: 사계절은 한국과 같다. 봄, 가을은 한국과 기온이 비슷하고 습한 북부 해안 지방을 제외하면 대부분 여름에는 덥고 청명하다. 하지만 지형에 따라서 기후가 다르다는 점을 주의하자.

중미(멕시코, 과테말라, 온두라스, 엘살바도르, 니카라과, 코스타리카, 파나마)
: 사계절은 한국과 같으나 겨울은 한국보다 덜 추우니, 두꺼운 옷보다는 껴입을 수 있는 두께의 옷을 많이 가져가는 것이 유용하다.

남미(아르헨티나, 칠레, 페루, 콜롬비아, 파라과이, 에콰도르, 우루과이, 볼리비아, 베네수엘라, 브라질 등)
: 사계절은 한국과 정반대이다. 하지만 여름 여행이라고 해서 얇은 옷만 가져가면 낭패를 보기 쉽다. 지역에 따라서 기온 차이가 심하기 때문에 때로는 두꺼운 옷도 필요하다.

출국 절차

■ 공항 도착

항공기 출발 2시간 전에 도착하는 것이 좋으나 미주, 유럽 지역 현지 출발 항공편을 이용할 경우 2시간 이상 소요될 수 있어 더 여유롭게 도착하는 것이 좋다.

■ 탑승 수속

항공기 출발 40분 전까지 탑승 수속을 마감해야 한다. 여권과 탑승권을 제출하여 예약을 확인한 후 좌석을 지정 받고 짐을 부친다.

■ 출국 수속

세관 신고	고가품 및 금지 품목 소지 여부를 신고하는 절차
보안 검색대	위험품 소지 여부를 검사하는 절차
법무부	출입국 자격을 심사

■ 게이트 찾기

항공기 탑승   출국 수속을 마치면 면세 구역에서 쇼핑을 할 수 있고, 항공기 시간에 맞춰 게이트를 찾아가면 된다. 항공기 출발 30분 전에 탑승을 시작해서 출발 10분 전 마감한다.

입국 절차(현지)

■ 입국 수속

Emigration이 써있는 곳을 찾아간다. 기내에서 작성한 출입국 신고서를 제출한다.

■ 짐 찾기

항공편별로 짐을 찾아야 하는 곳을 전광판을 통해 알려주므로 잘 확인해야 한다.

■ 세관 신고

기내에서 작성한 세관 신고서를 제출한다.

☑ 알고 가면 좋을 입국 절차 팁!

페루: 비행기로 입국할 경우에는 문제가 없으나, 육로로 입국할 경우에는 행정 체제의 미비로 비자를 요구하는 경우가 있으니 영사관에 전화해 문의하도록 한다. → 여권과 입국 카드를 제시하면 도장을 찍어 주고 입국 카드 한 매를 끼워서 돌려준다. 출국 시 사용해야 하니 잘 보관하자.

칠레: 브라질을 경유하여 입국하는 경우 브라질 특산품인 프로폴리스가 압수되는 경우가 많으니 유의해야 한다. 반입 신고를 하지 않고 입국하다 적발될 경우, 최소 200달러의 벌금이 부과된다.

출입국 신고서
세관 신고서 작성하기

항목	뜻	작성 요령	예시
영 Family name / Surname 스 Apellido	성		
영 First name and Middle name 스 Nombre	이름		
영 Sex 스 Sexo	성별	Male=Hombre (M) 남자 Female=Mujer (F)여자	
영 Country of birth / Nationality 스 País de origen / Nacionalidad	출생 국가/국적	국가명을 적는다.	영 Korea 스 Corea del Sur
영 Citizenship 스 Lugar de nacimiento	출생 도시	도시명을 적는다.	영 Seoul 스 Seúl
영 Date of birth 스 Fecha de nacimiento	생년월일	YY란에 연도, M란에 달, D란에 날짜 기입	
영 Type of document 스 Tipo de documento	입국 시 신분증	Pasaporte란에 표시	
영 Passport No. 스 N°de Pasaporte	여권 번호		
영 Occupation 스 Ocupación o profesión	직업		영 Businessman, Teacher, Officeworker, etc. 스 Comerciante, maestro/a, oficinista, etc.
영 Address in the OO 스 Dirección en OO	OO내 상세 주소	호텔 이름만 적으면 된다.	HILTON HOTEL
영 Arrival Flight No. 스 N°de Vuelo	입국 비행기 편명		
영 Signature 스 Firma	서명	본인의 자필 서명	

*멕시코에서만 Immigration Form or Card No./N°. de Tarjeta o Forma Migratoria를 요구한다.
이는 시민권자와 영주권자에게만 해당하는 부분이니 해당 사항이 없으면 빈칸으로 두면 된다.

스페인 바로 알고 가기

1. 수도 : 마드리드 Madrid [마드릿]

2. 화폐 : euro [유로 €]

3. 주 스페인 대사관 주소 및 연락처

- 주소 : C/ González Amigó 15, 28033 Madrid
- 연락처 : 91-353-2000

4. 긴급 전화

- 통합 긴급 전화: 112
- 긴급 의료 서비스: 092

5. 추천 음식

✔ Cochinillo [꼬치니요]

Castilla [까스띠야] 지방에서 유래된 Cochinillo [꼬치니요]는 '새끼 돼지 통구이 요리' 입니다. 요리법은 비교적 간단하지만, 돼지고기 고유의 영양과 맛을 잘 살린 이 요리는 스페인 사람들이 사랑하는 대표적인 요리로 손꼽힙니다. 스페인에 간다면 꼭 맛보아야 하겠지요?

✔ Gazpacho [가스빠초]

Andalucía [안달루씨아] 지방의 전통 요리로서 스페인에서 인기 있는 수프입니다. 올리브유, 식초, 토마토, 오이 등을 갈아서 만드는데, 특유의 새콤달콤한 맛이 한국의 동치미를 생각나게 합니다.

✔ Fideuá [피데우아]

Valencia [발렌씨아] 지방 해안가에서 유래된 음식으로 뱃사람들이 즐겨 먹었다고 전해지는 요리입니다. 해산물과 파스타를 스페인식 해산물 볶음밥인 Paella [빠에야]와 비슷한 방식으로 조리하며 짭조름하면서도 신선한 해산물의 조합이 일품인 요리입니다.

6. 마드리드 추천 관광 명소

✔ 마드리드 왕궁 Palacio Real [빨라씨오 레알]

스페인 국왕의 공식 거주지라고 알려진 이곳은, 실은 국가 공식 행사에만 사용되고 있습니다. 실제 스페인 국왕은 마드리드 외곽에 위치한 '싸르쑤엘라 궁전(Palacio la Zarzuela [빨라씨오 데 싸르쑤엘라])'에 거주하고 있습니다. 건축학도들이 인정한 웅장함의 최고봉으로 알려진 이곳은 둘러보지 않으면 후회할 명소 중의 명소입니다.

✔ 프라도 미술관 **Museo del Prado** [무쎄오 델 쁘라도]

세계 3대 미술관 중 하나로 규모도 크고 유명 작품들이 많기 때문에, 넉넉히 여유를 두고 (약 2~3시간) 둘러보셔야 합니다.

월~토: 18:00~20:00

일: 17:00~19:00 무료 입장

✔ 산 미겔 시장 **Mercado de San Miguel** [메르까도 데 싼 미겔]

풍부한 볼거리로 가득한 산 미겔 시장에서는 저렴한 가격에 신선한 재료를 구입할 수 있습니다. 현지 재료로 직접 숙소에서 맛있는 요리를 해 먹는다면 정말 잊지 못할 저녁이 되겠지요? 시장 안에 술과 안주를 살 수 있는 곳에서 와인 한 병과 Jamón[하몬]을 곁들여 먹는 것도 좋겠습니다. * Jamón [하몬] 은 스페인식 햄입니다.

※ 관련 정보는 변경될 수 있으니 반드시 사전에 해당 정보를 정확하게 살펴보시기 바랍니다.

스페인 하면 생각나는

축구계의 유명한 두 앙숙 <레알 마드리드 **VS** FC 바르셀로나>, 이들은 왜 앙숙이 되었나요?

스페인은 마드리드가 포함되어 있는 'Castilla [까스띠야' 지방이 주변 지방들을 정복하여 만들어진 나라입니다. 따라서, 각 지방(Castilla [까스띠야], Cataluña [까딸루냐], Galicia [갈리씨아], El País Vasco [엘 빠이스 바스꼬] 등)에 따라 민족, 풍습, 언어면에서 강한 색깔을 엿볼 수 있지요.

세계 최고 수준의 축구 리그 중 하나인 스페인 "Primera liga [쁘리메라 리가]"에서도 각 지방의 개성이 그대로 드러나, 라이벌 구도를 형성하고 있습니다. 마드리드에 연고지를 둔 'Real Madrid CF (레알 마드리드)'와 바르셀로나에 연고지를 둔 'FC Barcelona (FC 바르셀로나)'가 대표적인 라이벌인데, 두 팀의 경기를 El Clásico [엘 끌라씨꼬]라고 부릅니다. 두 팀의 숙명적인 라이벌 관계는 호호상박의 축구 실력은 물론이고 각 지방의 지역색과 자부심이 강하기 때문이기도 하지요. 여기에 역사적, 정치적 이유까지 결합해 전 세계 축구팬들에게 가장 치열한 축구 경기를 보여 줄 수 있는 것이랍니다.

+ 한 마디 플러스~!

너는 어느 팀을 응원하니?　¿A qué equipo sigues? [아 께 에끼뽀 씨게스?]

나는 레알 마드리드를 응원해.　Yo sigo al Real Madrid. [요 씨고 알 ㄹ레알 마드릿.]

스페인어가 쉬워지는 꿀Tip! 노트

정말 실수하기 쉬운 스페인어 발음 "TOP 6"

스페인어는 다른 외국어에 비해 읽기가 매우 쉽습니다. 왜냐하면 스페인어 알파벳 (alfabeto [알파**베**또])은 영어와 같은 철자를 사용하고, 소리 그대로 읽으면 되기 때문입니다.

이 책은 스페인어 문장에 모두 한국어 독음이 달려 있습니다. 그래서 스페인어를 배우지 않으신 분들도 쉽게 읽을 수 있도록 구성되었습니다.

본격적으로 문장을 읽기에 앞서, 영어에 없는 철자이거나 한국어로 1:1 독음이 되지 않는 몇 가지를 보도록 하겠습니다.

① f

영어 발음과 마찬가지로 스페인어에서도 f 발음은 윗 치아가 아랫 입술을 스치는 발음입니다.

예) 사진 foto [**포**또]   추위 frío [**프리**오]   부탁 favor [파**보**르]   이어폰 auriculares [아우리꿀**라**레스]

② j / g

j 와 g 가 "ㅎ" 으로 발음될 때에는 목구멍을 좁혀 주는 소리 [ㅎ] 로 발음해야 합니다. 가래를 뱉을 때처럼 터프하게 [ㅎ] 라고 발음해 주세요!

예) ja [하] je [헤] ji [히] jo [호] ju [후] / ge [헤] gi [히]

주스 jugo [**후**고]   카드 tarjeta [따르**헤**따]   시계 reloj [ㄹ렐**로**흐]
아르헨티나 Argentina [아르헨**띠**나]

③ ll

스페인어를 읽을 때, L 이 두 개로 겹쳐져 있는 철자가 있습니다.

lla [야] lle [예] lli [이~] llo [요] llu [유] 라고 발음해 주세요~!

예) 도착하다 llegar [예**가**르]   열쇠 llave [**야**베]   비 lluvia [**유**비아]   거리 calle [**까**예]

④ ñ

n 위에 물결 표시가 되어 있는 철자입니다.

ña [냐] ñe [녜] ñi [니~] ño [뇨] ñu [뉴] 라고 발음됩니다.

예) 남자 어린이 niño [**니**뇨]   화장실 baño [**바**뇨]   아가씨 señorita [쎄**뇨리**따]
    스페인 España [에스**빠**냐]

⑤ r / rr

R 이 문장 맨앞에 오거나, 두 개로 겹쳐 있을 경우 혀를 떨어 주셔야 합니다. 따르릉~~!
이라고 할 때 혀가 떨리는 것을 생각하시면 됩니다. 본 책에서는 이 발음을 [ㄹㄹ] 로 처
리하였습니다. 르르르~~ 확실하게 혀를 떨어 주세요!

예) 선물 regalo [ㄹ레**갈**로]   탄산음료 refresco [ㄹ레프**레**스꼬]   개 perro [**빼**ㄹ로]
    식당 restaurante [ㄹ레스따우**란**떼]

⑥ c / z

스페인에서는 C 와 Z 가 "ㅆ" 소리가 날 때, [θ] 라고 발음합니다. 중남미에서는 [ㅆ] 으로
발음합니다.

예) <신발> 스페인에서는) zapato [θㅏ**빠**또] 중남미에서는) zapato [싸**빠**또]

    <돼지> 스페인에서는) cerdo [θㅔ르도] 중남미에서는) cerdo [**쎄**르도]

둘 다 틀린 발음이 아니므로, 본 책에서는 발음 편의상 [ㅆ] 으로 처리하였습니다.
맥주 cerveza [쎄르**베**싸]   도시 ciudad [씨우**닷**]   여우 zorro [**쏘**ㄹ로]   얼룩말 cebra [**쎄**브라]

☆ 발음할 때 참고해 주세요~!

1) 한국어 독음을 읽으실 때, **진하게 되어 있는 부분**에 강세를 주어 읽어 주세요.

2) 스페인어는 의문문과 감탄문에 ¿ ? ¡ ! 과 같은 부호가 문장 앞뒤로 찍힙니다.

3) 스페인어는 남성/ 여성 구분이 있습니다.

   "나는 아파요. Estoy enfermo/a. [에스**또**이 엔**페**르모/마.]" 로 된 부분을 읽으실 때
   에는

   남성분들은 → 나는 아파요. Estoy enfermo. [에스**또**이 엔**페**르모.]

   여성분들은 → 나는 아파요. Estoy enferma. [에스**또**이 엔**페**르마.]

   로 구분해서 읽어주시면 됩니다.

반드시 알고 있어야 할 필수 회화 표현

✎ 기본적인 인사하기

안녕!	¡Hola! [올라!]
좋은 아침입니다.	¡Buenos días! [부에노스 디아스!]
좋은 오후입니다.	¡Buenas tardes! [부에나스 따르데스!]
좋은 밤입니다.	¡Buenas noches! [부에나스 노체스!]

만나서 반갑습니다.
- 본인이 남자일 때   Encantado. [엔깐따도.]
- 본인이 여자일 때   Encantada. [엔깐따다.]
- 혹은 남성, 여성 모두   Mucho gusto. [무초 구스또.]

안녕! (헤어질 때)   ¡Adiós! [아디오스!] ¡Chao! [차오!]
나중에 보자!   ¡Hasta luego! [아스따 루에고!]

당신의 일이 잘 풀리길 바라요.   ¡Que le vaya bien! [께 레 바야 비엔.]
당신도요.   Igualmente. [이구알멘떼.]

* 택시를 타고 내리실 때 이 표현을 사용해 보세요! 센스 있는 관광객이 될 수 있습니다!

감사합니다.	Gracias. [그라씨아스.]
천만에요.	De nada. [데 나다.]
죄송합니다. / 실례합니다.	Perdón. [뻬르돈.]
잠시만요. (사람들 사이를 지나갈 때) / 뭐라구요? (되물을 때)	¿Perdón? [뻬르돈?]

✎ 안부 물어보기

어떻게 지내세요?   ⌈ ¿Qué tal? [께 딸?]
                      ⌊ ¿Cómo está usted? [꼬모 에스따 우스뗏?]
잘 지내.   Muy bien. [무이 비엔.]
잘 못 지내.   Muy mal. [무이 말.]

✎ 통성명 하기

이름이 뭐예요?   ¿Cómo se llama usted? [꼬모 쎄 야마 우스뗏?]
저는 Yessi 입니다. 당신은요?   Me llamo Yessi. ¿Y usted? [메 야모 예씨. 이 우스뗏?]

저는 한국 출신입니다.　　　　　Soy de Corea del Sur. [쏘이 데 꼬레아 델 쑤르.]

스페인어 하세요?　　　　　　　¿Usted habla español? [우스뗏 아블라 에스빠뇰?]

조금 해요.　　　　　　　　　　Un poco. [운 뽀꼬.]

천천히 말해 주실래요?　　　　　¿Me puede hablar despacio, por favor?
　　　　　　　　　　　　　　　[메 뿌에데 아블라르 데스빠씨오, 뽀르 파보르?]

☙ 그외 알아두면 좋은 표현들

네.　　　　　　　　　　　　　Sí. [씨.]

아니요.　　　　　　　　　　　No. [노.]

괜찮아요.　　　　　　　　　　Está bien. [에스따 비엔.]
　　　　　　　　　　　　　　　Todo bien. [또도 비엔.]

"숫자"를 알면 물건을 쉽게 살 수 있다! (1~100)

1	uno [우노]	**16**	dieciséis [디에씨쎄이스]	**31**	treinta y uno [뜨레인따 이 우노]
2	dos [도스]	**17**	diecisiete [디에씨씨에떼]	**40**	cuarenta [꾸아렌따]
3	tres [뜨레스]	**18**	dieciocho [디에씨오초]	**50**	cincuenta [씽꾸엔따]
4	cuatro [꾸아뜨로]	**19**	diecinueve [디에씨누에베]	**60**	sesenta [쎄쎈따]
5	cinco [씽꼬]	**20**	veinte [베인떼]	**70**	setenta [쎄뗀따]
6	seis [쎄이스]	**21**	veintiuno [베인띠우노]	**80**	ochenta [오첸따]
7	siete [씨에떼]	**22**	veintidós [베인띠도스]	**90**	noventa [노벤따]
8	ocho [오초]	**23**	veintitrés [베인띠뜨레스]	**100**	cien [씨엔]
9	nueve [누에베]	**24**	veinticuatro [베인띠꾸아뜨로]		
10	diez [디에스]	**25**	veinticinco [베인띠씽꼬]		
11	once [온쎄]	**26**	veintiséis [베인띠쎄이스]		
12	doce [도쎄]	**27**	veintisiete [베인띠씨에떼]		
13	trece [뜨레쎄]	**28**	veintiocho [베인띠오초]		
14	catorce [까또르쎄]	**29**	veintinueve [베인띠누에베]		
15	quince [낀쎄]	**30**	treinta [뜨레인따]		

*30 단위부터는 31 treinta y uno 처럼 uno 자리에 숫자만 바꿔 넣으시면 됩니다.

PART 01

기내에서

기내에서

많은 단어를 알 필요 없다
왜? 말할 게 뻔하니까!

01	좌석	**asiento** [아씨엔또]
02	이거	**esto** [에스또]
03	안전벨트	**cinturón de seguridad** [씬뚜론 데 쎄구리닷]
04	화장실	**baño** [바뇨]
05	변기	**váter** [바떼르]
06	스크린	**pantalla** [빤따야]
07	헤드폰	**auriculares** [아우리꿀라레스]
08	리모컨	**mando a distancia** [만도 아 디스딴씨아]
09	불	**luz** [루스]
10	냅킨	**servilleta** [쎄르비예따]
11	신문	**periódico** [뻬리오디꼬]

빨리찾아 읽으세요

01 좌석 | asiento
[아씨엔또]

· 당신 자리인가요?
¿Este es su asiento?
[에스떼 에스 쑤 아씨엔또?]

· 제 자리인데요.
Este es mi asiento.
[에스떼 에스 미 아씨엔또.]

· 제 자리 어딘가요?
¿Dónde está mi asiento?
[돈데 에스따 미 아씨엔또?]

· 제 자리 차지 마세요.
No dé golpes a mi asiento.
[노 데 골뻬스 아 미 아씨엔또.]

02 이거 | esto
[에스또]

· 이거 뭐예요?
¿Qué es esto?
[께 에스 에스또?]

· 이거 가져다주세요.
Tráigame esto, por favor.
[뜨라이가메 에스또, 뽀르 파보르.]

· 이거 안돼요.
Esto no funciona.
[에스또 노 푼씨오나.]

· 이거 치워 주세요.
Llévese esto, por favor.
[예베쎄 에스또, 뽀르 파보르.]

· 이거 다른 걸로 바꿔주세요.
Deme otro nuevo de esto, por favor.
[데메 오뜨로 누에보 데 에스또, 뽀르 파보르.]

· 이거로 할게요.
Me llevaré esto.
[메 예바레 에스또.]

03 안전벨트

cinturón de seguridad
[씬뚜론 데 쎄구리닷]

· 당신의 안전벨트를 매세요.

Abróchese el cinturón de seguridad, por favor.
[아브로체세 엘 씬뚜론 데 쎄구리닷, 뽀르 파보르.]

· 제 안전벨트가 없어요.

No encuentro mi cinturón de seguridad.
[노 엔꾸엔뜨로 미 씬뚜론 데 쎄구리닷.]

· 제 안전벨트가 헐렁해요.

Mi cinturón de seguridad está flojo.
[미 씬뚜론 데 쎄구리닷 에스따 플로호.]

· 제 안전벨트가 타이트해요.

Mi cinturón de seguridad está apretado.
[미 씬뚜론 데 쎄구리닷 에스따 아쁘레따도.]

04 화장실

baño
[바뇨]

· 화장실이 더러워요.

El baño está sucio.
[엘 바뇨 에스따 쑤씨오.]

· 화장실 청소가 안 되었어요.

El baño no se ha limpiado.
[엘 바뇨 노 쎄 아 림삐아도.]

· 누가 화장실에 있나요?

¿Hay alguien en el baño?
[아이 알기엔 엔 엘 바뇨?]

· 이거 화장실 줄인가요?

¿Esta es la fila para el baño?
[에스따 에스 라 필라 빠라 엘 바뇨?]

TIP 공중화장실을 **스페인에서는)** servicio [쎄르비씨오]

05 변기 ✋

váter
[바떼르]

· 물을 내리세요.
Tire de la cadena, por favor.
[띠레 데 라 까데나, 뽀르 파보르.]

· 변기가 막혔어요.
El váter está taponado.
[엘 바떼르 에스따 따뽀나도.]

06 스크린 📱

pantalla
[빤따야]

· 제 화면 한번 봐 주실래요?
¿Puede revisar mi pantalla, por favor?
[뿌에데 ㄹ레비싸르 미 빤따야, 뽀르 파보르?]

· 화면이 안 나와요.
No funciona mi pantalla.
[노 푼씨오나 미 빤따야.]

· 화면이 멈췄어요.
Mi pantalla se ha congelado.
[미 빤따야 쎄 아 꽁헬라도.]

· 화면이 너무 밝아요.
Mi pantalla está demasiado brillante.
[미 빤따야 에스따 데마씨아도 브리얀떼.]

07 헤드폰 🎧

auriculares
[아우리꿀라레스]

· 헤드폰 가져다주세요.
Tráigame auriculares, por favor.
[뜨라이가메 아우리꿀라레스, 뽀르 파보르.]

· 헤드폰이 안 되는데요.
Mis auriculares no funcionan.
[미스 아우리꿀라레스 노 푼씨오난.]

· 어디다 꽂아요?
　(잭을 보여주며)

¿Dónde va esto?
[돈데 바 에스또?]

· 저 이거 가져도 돼요?

¿Me los puedo quedar?
[메 로스 뿌에도 께다르?]

08 리모컨   mando a distancia
[만도 아 디스딴씨아]

· 리모컨 가져다주세요.

Tráigame un mando, por favor.
[뜨라이가메 운 만도, 뽀르 파보르.]

· 리모컨이 안 되는데요.

Mi mando no funciona.
[미 만도 노 푼씨오나]

· 리모컨 다른 걸로 갖다
　세요.

Tráigame otro mando, por favor.
[뜨라이가메 오뜨로 만도, 뽀르 파보르.]

09 불   luz
[루스]

· 불 어떻게 켜요?

¿Cómo enciendo la luz?
[꼬모 엔씨엔도 라 루스?]

· 불이 너무 밝아요.

La luz está demasiado brillante.
[라 루스 에스따 데마씨아도 브리얀떼.]

· 불 좀 꺼주세요.

Apague la luz, por favor.
[아빠게 라 루스, 뽀르 파보르.]

10 냅킨

servilleta
[쎄르비예따]

· 냅킨 좀 주세요.
Deme servilletas, por favor.
[데메 쎄르비예따스, 뽀르 파보르.]

· 냅킨 좀 더 주세요.
Deme más servilletas, por favor.
[데메 마스 쎄르비예따스, 뽀르 파보르.]

11 신문

periódico
[뻬리오디꼬]

· 신문 좀 갖다주세요.
Deme un periódico, por favor.
[데메 운 뻬리오디꼬, 뽀르 파보르.]

· 한국 신문 있어요?
¿Tiene un periódico coreano?
[띠에네 운 뻬리오디꼬 꼬레아노?]

· 스포츠 신문 있어요?
¿Tiene un periódico deportivo?
[띠에네 운 뻬리오디꼬 데뽀르띠보?]

12 마실 것

bebida
[베비다]

· 마실 거 좀 주세요.
Deme algo de beber, por favor.
[데메 알고 데 베베르, 뽀르 파보르.]

· 물 좀 주세요.
Deme agua, por favor.
[데메 아구아, 뽀르 파보르.]

· 오렌지 주스 좀 주세요.
Deme zumo de naranja, por favor.
[데메 쑤모 데 나랑하, 뽀르 파보르.]

· 콜라 좀 주세요.
Deme una Coca-Cola (코카콜라), por favor.
[데메 우나 꼬까 꼴라, 뽀르 파보르.]
Deme una Pepsi (펩시), por favor.
[데메 우나 뻽씨, 뽀르 파보르.]

· 사이다 좀 주세요.
Deme un Sprite, por favor.
[데메 운 에스쁘라잇, 뽀르 파보르.]

· 녹차 좀 주세요.
Deme un té verde, por favor.
[데메 운 떼 베르데, 뽀르 파보르.]

· 커피 좀 주세요.
Deme un café, por favor.
[데메 운 카페, 뽀르 파보르.]

· 맥주 좀 주세요.
Deme una cerveza, por favor.
[데메 우나 쎄르베싸, 뽀르 파보르.]

· 와인 좀 주세요.
Deme un vaso de vino, por favor.
[데메 운 바쏘 데 비노, 뽀르 파보르.]

TIP 주스를 스페인에서는) zumo [쑤모]
중남미에서는) jugo [후고]
스페인어에는 "꼬리 (cola [꼴라])" 라는 단어가 따로 있기 때문에 콜라를 시키실 때
에는 정확한 브랜드명을 이야기하시는 것이 좋습니다.

13 간식거리 aperitivo
[아뻬리띠보]

· 간식거리 좀 있나요?
¿Tiene algo de aperitivo?
[띠에네 알고 데 아뻬리띠보?]

· 단 간식거리 있나요?
¿Tiene un aperitivo dulce?
[띠에네 운 아뻬리띠보 둘쎄?]

· 짠 간식거리 있나요?
¿Tiene un aperitivo salado?
[띠에네 운 아뻬리띠보 쌀라도?]

· 땅콩 좀 주세요.   **Deme un poco de cacahuetes, por favor.**
[데메 운 뽀꼬 데 까까우에떼스, 뽀르 파보르.]

· 브레첼 좀 주세요.   **Deme un poco de pretzels, por favor.**
[데메 운 뽀꼬 데 쁘렛셀스, 뽀르 파보르.]

· 쿠키 좀 주세요.   **Deme un poco de galletas, por favor.**
[데메 운 뽀꼬 데 가예따스, 뽀르 파보르.]

> **TIP** 간식을 뜻하는 동의어로는
> bocadillo [보까**디**요], tentempié [뗀뗌삐**에**]
> 땅콩을 뜻하는 동의어로는
> cacahuate [까까우**아**떼], maní [마**니**]

14 식사 🍽️

comida
[꼬**미**다]

· 식사가 언제인가요?   **¿A qué hora se sirve la comida?**
[아 께 **오**라 쎄 씨르베 라 꼬미다?]

· 식사가 뭐인가요?   **¿Qué tiene de comer?**
[께 띠에네 데 꼬메르?]

· 식사 나중에 할게요.   **Comeré más tarde.**
[꼬메레 마스 **따**르데.]

· 지금 저 식사할게요.   **Comeré ahora.**
[꼬메레 아**오**라.]

· 식사 남는 거 없어요?   **¿Tiene algo más de comida?**
[띠에네 **알**고 **마**스 데 꼬미다?]

15 안대 😴

antifaz para dormir
[안띠**파**스 빠라 도르**미**르]

· 안대 있어요?   **¿Tiene un antifaz para dormir?**
[띠에네 운 안띠**파**스 빠라 도르**미**르?]

· 이 안대 불편해요.

Este antifaz es incómodo.
[에스떼 안띠파스 에스 인꼬모도.]

· 다른 안대 갖다주세요.

Deme otro antifaz, por favor.
[데메 **오뜨**로 안띠파스, 뽀르 파보르.]

16 담요 ☺

manta
[만따]

· 저 담요 없어요.

No tengo manta.
[노 뗑고 만따.]

· 담요 가져다주세요.

Tráigame una manta, por favor.
[뜨라이가메 **우**나 만따, 뽀르 파보르.]

· 저 담요 하나만 더 주세요.

Tráigame una manta más, por favor.
[뜨라이가메 **우**나 만따 마스, 뽀르 파보르.]

TIP 담요를 스페인에서는) manta [만따]
멕시코에서는) cobija [꼬비하]

17 베개 ☺

almohada
[알모아다]

· 베개 있어요?

¿Tiene una almohada?
[띠에네 **우**나 알모**아**다?]

· 이 베개 불편해요.

Esta almohada es incómoda.
[에스따 알모**아**다 에스 인꼬모다.]

· 다른 베개 갖다주세요.

Tráigame otra almohada, por favor.
[뜨라이가메 **오**뜨라 알모**아**다, 뽀르 파보르.]

18 슬리퍼 🩴

zapatillas
[싸빠띠야스]

· 슬리퍼 있어요?

¿Tiene zapatillas?
[띠에네 싸빠띠야스?]

· 이 슬리퍼 불편해요.

Estas zapatillas son incómodas.
[에스따스 싸빠띠야스 쏜 인꼬모다스.]

TIP 슬리퍼를 **중남미에서는**) pantuflas [빤뚜플라스]

19 입국 신고서 📧

tarjeta internacional de embarque/desembarque
[따르헤따 인떼르나씨오날 데 엠바르께/데셈바르께]

· 입국 신고서 작성 좀 도와줘요. (이거 작성하는 것 좀 도와주세요.)

Ayúdeme a rellenar esto, por favor.
[아유데메 아 ㄹ레예나르 에스또, 뽀르 파보르.]

· 입국 신고서 한 장 더 줘요. (신고서를 보여주면서)

Deme otra hoja nueva, por favor.
[데메 오뜨라 오하 누에바, 뽀르 파보르.]

20 세관 신고서 📋

registro y declaración de aduana
[ㄹ레히스뜨로 이 데끌라라씨온 데 아두아나]

· 세관 신고서 작성 좀 도와줘요. (이거 작성하는 것 좀 도와주세요.)

Ayúdeme a rellenar esto, por favor.
[아유데메 아 ㄹ레예나르 에스또, 뽀르 파보르.]

· 세관 신고서 한 장 더 줘요. **Deme otra hoja nueva, por favor**
  (신고서를 보여주면서) [데메 **오**뜨라 **오**하 누에바, 뽀르 파보르.]

21 펜 ✎

bolígrafo
[볼리그라포]

· 펜 좀 빌려줘요. **¿Me presta su bolígrafo, por favor?**
  [메 쁘레스따 쑤 볼리그라포, 뽀르 파보르?]

· 이 펜 안 나와요. **Este bolígrafo no pinta.**
  [에스떼 볼리그라포 **노** 삔따].

· 다른 펜으로 주세요. **Deme otro bolígrafo, por favor.**
  [데메 **오**뜨로 볼리그라포, 뽀르 파보르.]

22 기내 면세품 👜

productos libres de impuestos
[쁘로둑또스 리브레스 데 임뿌에스또스]

· 기내 면세품 좀 보여줘요. **Muéstreme los productos libres de impuestos, por favor.**
  [무에스뜨레메 로스 쁘로둑또스 리브레스 데 임뿌에스또스, 뽀르 파보르.]

· 신용카드 되나요? **¿Acepta tarjetas de crédito?**
  [아쎕따 따르헤따스 데 끄레디또?]

· 달러 되나요? **¿Acepta dólares?**
  [아쎕따 돌라레스?]

위급상황 필요한 단어

빨리찾아 말하면 OK!

· 저 두통 있는 것 같아요.

Tengo dolor de cabeza.
[뗑고 돌로르 데 까베싸.]

· 두통약 좀 주세요.

Deme pastillas para el dolor de cabeza, por favor.
[데메 빠스띠야스 빠라 엘 돌로르 데 까베싸, 뽀르 파보르.]

· 저 복통 있는 것 같아요.

Tengo dolor de estómago.
[뗑고 돌로르 데 에스또마고.]

· 복통약 좀 주세요.

Deme pastillas para el dolor de estómago, por favor.
[데메 빠스띠야스 빠라 엘 돌로르 데 에스또마고, 뽀르 파보르.]

· 저 어지러워요.

Estoy mareado/a.
[에스또이 마레아도/다.]

· 저 으슬으슬해요.

Tengo escalofríos.
[뗑고 에스깔로프리오스.]

· 저 아파요.

Estoy enfermo/a.
[에스또이 엔페르모/마.]

· 저 (비행기) 멀미나요.

Tengo mareos en el avión.
[뗑고 마레오스 엔 엘 아비온.]

⚠ 참지 마세요! 할 말은 합시다!
¡No aguante!

너무 뒤척이지 마세요.

No se mueva tanto, por favor.

[노 쎄 무에바 딴또, 뽀르 파보르.]

큰소리 내지 마세요.

No haga mucho ruido, por favor.

[노 아가 무초 ㄹ루이도, 뽀르 파보르.]

조용히 해주세요.

Manténgase en silencio, por favor.

[만뗑가쎄 엔 씰렌씨오, 뽀르 파보르.]

PART 02

공항에서

공항에서

많은 단어를 알 필요 없다
왜? 말할 게 뻔하니까 !

01 게이트
puerta de embarque
[뿌에르따 데 엠바르께]

02 탑승
embarque
[엠바르께]

03 연착
retraso
[ㄹ레뜨라쏘]

04 다음 비행편
siguiente vuelo
[씨기엔떼 부엘로]

05 대기
espera
[에스뻬라]

06 대기 장소
sala de espera
[쌀라 데 에스뻬라]

07 레스토랑
restaurante
[ㄹ레스따우란떼]

08 화장실
baño
[바뇨]

09 면세점
tienda libre de impuestos
[띠엔다 리브레 데 임뿌에스또스]

10 환승
transbordo
[뜨란스보르도]

11 출입국 관리소
oficina de inmigración
[오피씨나 데 인미그라씨온]

12	외국인	**extranjero** [엑스뜨랑헤로]
13	통역사	**intérprete** [인떼르쁘레떼]
14	지문	**huella digital** [우에야 디히딸]
15	왕복 티켓	**billete de ida y vuelta** [비예떼 데 이다 이 부엘따]
16	~하러 왔어요	**estoy aquí de ~** [에스또이 아끼 데]
17	~에 묵을 거예요	**me voy a quedar en ~** [메 보이 아 께다르 엔]
18	여기 ~동안 있을 거예요	**voy a estar aquí por ~** [보이 아 에스따르 아끼 뽀르]
19	수하물 찾는 곳	**recogida de equipajes** [ㄹ레꼬히다 데 에끼빠헤스]
20	카트	**carro para equipaje** [까ㄹ로 빠라 에끼빠헤]
21	분실	**pérdida** [뻬르디다]
22	제 거예요	**es mío** [에스 미오]

빨리찾아 읽으세요

01 게이트 🔄   puerta de embarque
[뿌에르따 데 엠바르께]

· 제 게이트를 못 찾겠어요.   **No encuentro mi puerta.**
[노 엔꾸엔뜨로 미 뿌에르따.]

· 98번 게이트는 어디에 있어요?   **¿Dónde está la puerta noventa y ocho?**
[돈데 에스따 라 뿌에르따 노벤따 이 오초?]

TIP 탑승권에서 자신이 가야 할 게이트 숫자를 확인하고, puerta [뿌에르따] 뒤에 숫자를 붙여주세요. 숫자를 말하기 어려우면 탑승권을 직원에게 보여주며, ¿Dónde está esta puerta? [돈데 에스**따 에스따** 뿌에르따?]라고 하시면 됩니다.

02 탑승 🚶   embarque
[엠바르께]

· 탑승 언제 해요?   **¿Cuándo comienza el embarque?**
[꾸안도 꼬미엔싸 엘 엠바르께?]

· 탑승하려면 얼마나 기다려요?   **¿Cuánto tiempo necesito esperar para el embarque?**
[꾸안또 띠엠뽀 네쎄씨또 에스뻬라르 빠라 엘 엠바르께?]

03 연착 🕐   retraso
[ㄹ레뜨라쏘]

· 제 비행기 연착됐어요?   **¿Está retrasado mi vuelo?**
[에스따 ㄹ레뜨라싸도 미 부엘로?]

· 왜 연착됐어요?

¿Por qué está retrasado mi vuelo?
[뽀르 께 에스따 ㄹ레뜨라싸도 미 부엘로?]

· 언제까지 기다려요?

¿Hasta cuándo tengo que esperar?
[아스따 꾸안도 뗑고 께 에스뻬라르?]

04 다음 비행 편

siguiente vuelo
[씨기엔떼 부엘로]

· 다음 비행기는 그럼 언제
예요?

¿Cuándo es el siguiente vuelo?
[꾸안도 에스 엘 씨기엔떼 부엘로?]

· 다음 비행 편은 어떤 항공
사예요?

¿De qué aerolínea es el siguiente
vuelo?
[데 께 아에로리네아 에스 엘 씨기엔떼 부엘로?]

· 다음 비행 편은 얼마예요?

¿Cuánto cuesta el siguente vuelo?
[꾸안또 꾸에스따 엘 씨기엔떼 부엘로?]

· 기다렸으니까 좌석 업그레
이드 해줘요.

He esperado mucho tiempo. Hágame
un ascenso gratis de clase.
[에 에스뻬라도 무초 띠엠뽀. 아가메 운 아쎈
소 그라띠스 데 끌라쎄.]

05 대기

espera
[에스뻬라]

· 얼마나 대기해요?

¿Cuánto tiempo tengo que esperar?
[꾸안또 띠엠뽀 뗑고 께 에스뻬라르?]

· 어디서 대기해요?

¿Dónde tengo que esperar?
[돈데 뗑고 께 에스뻬라르?]

· 대기하는 동안 나갈 수 있
어요?

¿Puedo salir durante la espera?
[뿌에도 쌀리르 두란떼 라 에스뻬라?]

06 대기 장소 🍴

sala de espera
[쌀라 데 에스뻬라]

· 대기 장소 어디예요?
¿Dónde está la sala de espera?
[돈데 에스따 라 쌀라 데 에스뻬라?]

· 인터넷 할 수 있는 곳 어디예요?
¿Dónde puedo usar Internet?
[돈데 뿌에도 우싸르 인떼르넷?]

· VIP 라운지 어디예요?
¿Dónde está la sala VIP?
[돈데 에스따 라 쌀라 빕?]

· 스타얼라이언스 라운지 어디예요?
¿Dónde está la sala de Star Alliance?
[돈데 에스따 라 쌀라 데 에스따르 알리안스?]

· 스카이팀 라운지 어디예요?
¿Dónde está la sala de Sky Team?
[돈데 에스따 라 쌀라 데 에스까이 띰?]

07 레스토랑 🍽

restaurante
[ㄹ레스따우란떼]

· 레스토랑 어디예요?
¿Dónde hay un restaurante?
[돈데 아이 운 ㄹ레스따우란떼?]

· 커피숍 어디 있어요?
¿Dónde hay un café?
[돈데 아이 운 까페?]

· 간단한 걸로 주세요.
Tomaré algo ligero.
[또마레 알고 리헤로.]

· 오래 걸려요?
¿Tarda mucho tiempo?
[따르다 무초 띠엠뽀?]

08 화장실 🚻

baño
[바뇨]

· 화장실 어디 있어요?
¿Dónde está el baño?
[돈데 에스따 엘 바뇨?]

· 화장실 밖으로 나가야 되나요?
¿El baño está afuera?
[엘 바뇨 에스따 아푸에라?]

· 라운지 안에 화장실 있나요?
¿Hay un baño dentro de la sala?
[아이 운 바뇨 덴뜨로 데 라 쌀라?]

TIP 공중화장실을 **스페인에서는)** servicio [쎄르비씨오]

09 면세점 🏪

tienda libre de impuestos
[띠엔다 리브레 데 임뿌에스또스]

· 면세점 어디예요?
¿Dónde están las tiendas libres de impuestos?
[돈데 에스딴 라스 띠엔다스 리브레스 데 임뿌에스또스?]

· 면세점 멀어요?
¿Está lejos de aquí la tienda libre de impuestos?
[에스따 레호스 데 아끼 라 띠엔다 리브레 데 임뿌에스또스?]

· 화장품 어디 있어요?
¿Dónde están los cosméticos?
[돈데 에스딴 로스 꼬스메띠꼬스?]

· 선물할 거예요.
Esto es un regalo.
[에스또 에스 운 ㄹ레갈로.]

10 환승

transbordo
[뜨란스보르도]

· 저 환승 승객인데요.
Soy pasajero/a en transbordo.
[쏘이 빠싸헤로/라 엔 뜨란스보르도.]

· 환승 라운지 어디예요?
¿Dónde está la sala de transbordo?
[돈데 에스따 라 쌀라 데 뜨란스보르도?]

· 경유해서 마드리드로 가요.
Hago transbordo para ir a Madrid.
[아고 뜨란스보르도 빠라 이르 아 마드릿.]

11 출입국 관리소

oficina de inmigración
[오피씨나 데 인미그라씨온]

· 출입국 관리소 어디로 가요?
¿Cómo voy a la oficina de inmigración?
[꼬모 보이 알 라 오피씨나 데 인미그라씨온?]

· 입국 심사대 어디로 가요?
¿Cómo voy al control de inmigración?
[꼬모 보이 알 꼰뜨롤 데 인미그라씨온?]

12 외국인

extranjero
[엑스뜨랑헤로]

· 이게 외국인 줄인가요?
¿Esta fila es para extranjeros?
[에스따 필라 에스 빠라 엑스뜨랑헤로스?]

13 통역사 🎧

intérprete
[인떼르쁘레떼]

· 한국인 통역사 불러주세요.

¿Me puede conseguir un intérprete coreano, por favor?
[메 뿌에데 꼰세기르 운 인떼르쁘레떼 꼬레아노, 뽀르 파보르?]

· 못 알아듣겠어요.

No entiendo.
[노 엔띠엔도.]

· 천천히 말씀해 주세요.

¿Puede hablar lentamente, por favor?
[뿌에데 아블라르 렌따멘떼, 뽀르 파보르?]

· 다시 한번 말씀해 주세요.

Dígame otra vez, por favor.
[디가메 오뜨라 베스, 뽀르 파보르.]

14 지문 ◎

huella digital
[우에야 디히딸]

· 지문 여기다 갖다 대세요.

Ponga su dedo aquí.
[뽕가 쑤 데도 아끼.]

· 오른쪽 손이요?

¿Mi mano derecha?
[미 마노 데레차?]

· 왼쪽 손이요?

¿Mi mano izquierda?
[미 마노 이스끼에르다?]

15 왕복 티켓 🎫

billete de ida y vuelta
[비예떼 데 이다 이 부엘따]

· 왕복 티켓 보여주세요.

Muéstreme su billete de ida y vuelta, por favor.
[무에스뜨레메 쑤 비예떼 데 이다 이 부엘따, 뽀르 파보르.]

· 왕복 티켓 있으세요?

¿Tiene su billete de ida y vuelta?
[띠에네 수 비예떼 데 **이다** 이 부엘따?]

· 네, 여기 제 왕복 티켓이요.

Sí. Aquí está mi billete de ida y vuelta.
[씨. 아끼 에스따 미 비예떼 데 **이다** 이 부엘따.]

TIP 티켓을 중남미에서는) boleto [볼레또]

16 ~하러 왔어요 ♋? estoy aquí de
[에스또이 아끼 데]

· 휴가 보내러 왔어요.

Estoy aquí de vacaciones.
[에스또이 아끼 데 바까씨오네스.]

· 출장 때문에 왔어요.

Estoy aquí de viaje de negocios.
[에스또이 아끼 데 비아헤 데 네고씨오스.]

· 관광하러 왔어요.

Estoy aquí de turismo.
[에스또이 아끼 데 뚜리스모.]

17 ~에 묵을 거예요 ☕ me voy a quedar en
[메 보이 아 께다르 엔]

· 호텔에 묵을 거예요.

Me voy a quedar en un hotel.
[메 보이 아 께다르 엔 운 오뗄.]

· 게스트 하우스에 묵을 거
예요.

Me voy a quedar en un hostal.
[메 보이 아 께다르 엔 운 오스딸]

· 친척 집에 묵을 거예요.

Me voy a quedar con mis parientes.
[메 보이 아 께다르 꼰 미스 빠리엔떼스.]

TIP 요즘 현지의 빈집을 인터넷을 통해 빌려주는 Air BnB 사이트 많이 사용하시는데, 입국
심사시 굳이 설명할 필요 없이 친척 집에 머문다고 하시면 됩니다.

18 여기 ~ 동안 있을 거예요

voy a estar aquí por
[보이 아 에스따르 아끼 뽀르]

· 3일 동안 있을 거예요.

Voy a estar aquí por tres días.
[보이 아 에스따르 아끼 뽀르 뜨레스 디아스.]

· 1주일 동안 있을 거예요.

Voy a estar aquí por una semana.
[보이 아 에스따르 아끼 뽀르 우나 쎄마나.]

· 2주일 동안 있을 거예요.

Voy a estar aquí por dos semanas.
[보이 아 에스따르 아끼 뽀르 도스 쎄마나스.]

· 한 달 동안 있을 거예요.

Voy a estar aquí por un mes.
[보이 아 에스따르 아끼 뽀르 운 메스.]

TIP 1 uno [우노], 2 dos [도스], 3 tres [뜨레스], 4 cuatro [꾸아뜨로], 5 cinco [씽꼬],
6 seis [쎄이스], 7 siete [씨에떼], 8 ocho [오초], 9 nueve [누에베], 10 diez [디에스]

19 수하물 찾는 곳

recogida de equipajes
[ㄹ레꼬히다 데 에끼빠헤스]

· 수하물 어디서 찾아요?

¿Dónde puedo recoger mi equipaje?
[돈데 뿌에도 ㄹ레꼬헤르 미 에끼빠헤?]

· 수하물 찾는 곳이 어디예요?

¿Dónde está la recogida de equipajes?
[돈데 에스따 라 ㄹ레꼬히다 데 에끼빠헤스?]

· 수하물 찾는 곳으로 데려가 주세요.

Lléveme a la recogida de equipajes.
[예베메 알 라 ㄹ레꼬히다 데 에끼빠헤스.]

20 카트 🛒

carro para equipaje
[까ㄹ로 빠라 에끼빠헤]

· 카트 어딨어요?

¿Dónde está el carro para equipaje?
[돈데 에스따 엘 까ㄹ로 빠라 에끼빠헤?]

· 카트 공짜예요?

¿Es gratis usar el carro para equipaje?
[에스 그라띠스 우싸르 엘 까ㄹ로 빠라 에끼빠헤?]

· 카트 고장났나 봐요.

Creo que no funciona mi carro.
[끄레오 께 노 푼씨오나 미 까ㄹ로.]

· 카트가 없는데요.

No hay carros para equipaje
[노 아이 까ㄹ로스 빠라 에끼빠헤.]

21 분실

pérdida
[뻬르디다]

· 제 짐이 없는데요.

Mi equipaje se ha perdido.
[미 에끼빠헤 쎄 아 뻬르디도.]

· 제 짐이 아직 안 나왔어요.

Mi equipaje no ha salido todavía.
[미 에끼빠헤 노 아 쌀리도 또다비아.]

· 제 짐을 분실했나 봐요.

Creo que he perdido mi equipaje.
[끄레오 께 에 뻬르디도 미 에끼빠헤.]

22 제 거예요

es mío
[에스 미오]

· 이 캐리어 제 거예요.

Esta maleta es mía.
[에스따 말레따 에스 미아.]

· 이 카트 제 거예요.

Este carro es mío.
[에스떼 까ㄹ로 에스 미오.]

공항

23 신고하다

declarar
[데끌라라르]

· 신고할 물건 없어요.

No tengo nada que declarar.
[노 뗑고 나다 께 데끌라라르.]

· 신고할 물건 있어요.

Tengo algo que declarar.
[뗑고 알고 께 데끌라라르.]

· 신고하려면 어디로 가죠?

¿A dónde voy para declarar?
[아 돈데 보이 빠라 데끌라라르?]

24 선물

regalo
[ㄹ레갈로]

· 이건 선물할 거예요.

Estos son regalos.
[에스또스 쏜 ㄹ레갈로스.]

· 이건 선물 받은 거예요.

Esto lo recibí como regalo.
[에스또 로 ㄹ레씨비 꼬모 ㄹ레갈로.]

· 선물로 산 거예요.

He comprado esto para regalar.
[에 꼼쁘라도 에스또 빠라 ㄹ레갈라르.]

25 한국 음식

comida coreana
[꼬미다 꼬레아냐]

· 이거 한국 음식이에요.

Es comida coreana.
[에스 꼬미다 꼬레아나.]

· 김이에요.

Es alga marina seca.
[에스 알가 마리나 쎄까.]

· 미숫가루예요.

Es polvo de granos tostados y mezclados.
[에스 뽈보 데 그라노스 또스따도스 이 메스끌라도스.]

· 고추장이에요.

Es pasta de guindilla.
[에스 빠스따 데 긴디야.]

· 김치예요.

Esto se llama kimchi.
[에스또 쎄 야마 김치.]

· 이상한 거 아니에요.

No es nada extraño.
[노 에스 나다 엑스뜨라뇨.]

TIP 고추를 스페인에서는) guindilla [긴디야]
멕시코를 포함한 북중미에서는) chile [칠레]
아르헨티나, 페루, 칠레를 포함한 남미에서는) ají [아히]

26 출구 🏃 salida
[쌀리다]

· 출구 어디예요?

¿Dónde está la salida?
[돈데 에스따 라 쌀리다?]

· 출구는 어느 쪽이에요?

¿Por dónde está la salida?
[뽀르 돈데 에스따 라 쌀리다?]

· 출구를 못 찾겠어요.

No puedo encontrar la salida.
[노 뿌에도 엔꼰뜨라르 라 쌀리다.]

· 출구로 데려다주세요.

Lléveme a la salida, por favor.
[예베메 알 라 쌀리다, 뽀르 파보르.]

27 여행 안내소 ℹ️ información turística
[인포르마씨온 뚜리스띠까]

· 여행 안내소 어디예요?

¿Dónde está la información turística?
[돈데 에스따 라 인포르마씨온 뚜리스띠까?]

· 여행 안내소로 데려다 주세요.

Lléveme a la información turística, por favor.
[예베메 알 라 인포르마씨온 뚜리스띠까, 뽀르 파보르.]

· 지도 좀 주세요.

Deme un mapa, por favor.
[데메 운 마빠, 뽀르 파보르.]

· 한국어 지도 있어요?

¿Tiene un mapa en coreano?
[띠에네 운 마빠 엔 꼬레아노?]

28 환전   cambio de moneda
[깜비오 데 모네다]

· 환전하는 데 어디예요?

¿Dónde hay una casa de cambio?
[돈데 아이 우나 까사 데 깜비오?]

· 환전하는 데 데려다주세요.

Lléveme a una casa de cambio, por favor.
[예베메 아 우나 까싸 데 깜비오, 뽀르 파보르.]

· 환전하려고 하는데요.

Quiero hacer un cambio de moneda.
[끼에로 아쎄르 운 깜비오 데 모네다.]

· 잔돈으로 주세요.

¿Me puede dar dinero suelto, por favor?
[메 뿌에데 다르 디네로 쑤엘또, 뽀르 파보르?]

29 택시   taxi
[딱씨]

· 택시 어디서 탈 수 있어요?

¿Dónde tomo un taxi?
[돈데 또모 운 딱씨?]

· 택시 타는 데 데려다주세요.
Lléveme a la parada de taxi, por favor.
[예베메 알 라 빠라다 데 딱씨, 뽀르 파보르.]

· 택시 타면 비싼가요?
¿Es caro ir en taxi?
[에스 까로 이르 엔 딱씨?]

· 택시타고 시내 가려고요.
Voy al centro en taxi.
[보이 알 쎈뜨로 엔 딱씨.]

· 택시 대신 뭐 탈 수 있어요?
¿Qué puedo tomar en vez de un taxi?
[께 뿌에도 또마르 엔 베스 데 운 딱씨?]

30 셔틀버스 autobús de enlace
[아우또부스 데 엔라쎄]

· 셔틀버스 어디서 타요?
¿Dónde puedo tomar el autobús de enlace?
[돈데 뿌에도 또마르 엘 아우또부스 데 엔라쎄?]

· 셔틀버스 몇 시에 출발해요?
¿A qué hora sale el autobús de enlace?
[아 께 오라 쌀레 엘 아우또부스 데 엔라쎄?]

· 이 셔틀버스 시내 가요?
¿Este autobús de enlace va al centro?
[에스떼 아우또부스 데 엔라쎄 바 알 쎈뜨로?]

· 셔틀버스 얼마예요?
¿Cuánto cuesta tomar el autobús de enlace?
[꾸안또 꾸에스따 또마르 엘 아우또부스 데 엔라쎄?]

TIP 버스를 중남미에서는) camión [까미온], pesero [뻬쎄로],
colectivo [꼴렉띠보], ómnibus [옴니부스]

31 제일 가까운 ↔ más cercano
[마스 쎄르까노]

· 가까운 호텔이 어디죠?
¿Dónde está el hotel más cercano?
[돈데 에스따 엘 오뗄 마스 쎄르까노?]

· 가까운 레스토랑이 어디죠?
¿Dónde está el restaurante más cercano?
[돈데 에스따 엘 ㄹ레스따우란떼 마스 쎄르까노?]

· 가까운 카페가 어디죠?
¿Dónde está el café más cercano?
[돈데 에스따 엘 까페 마스 쎄르까노?]

· 가까운 지하철역이 어디죠?
¿Dónde está la estación de metro más cercana?
[돈데 에스따 라 에스따씨온 데 메뜨로 마스 쎄르까나?]

말만하니? 난 듣기도 돼!

🎧 **듣고 따라해 보세요.**
질문을 했을 때 상대방이 할 수 있는 대답을 미리 예상해보고 발음을 들어보세요.

¿Cómo voy a la puerta dieciséis?
[꼬모 보이 알 라 뿌에르따 디에씨쎄이스?]

16번 게이트로 가려면 어디로 가야 하나요?

① **Vaya a la derecha.**
[바야 알 라 데레차.]

오른쪽으로 가세요.

② **Vaya a la izquierda.**
[바야 알 라 이스끼에르다.]

왼쪽으로 가세요.

③ **Vaya todo derecho.**
[바야 또도 데레초.]

오른쪽으로 쭉 가세요.

④ **Tampoco lo sé**
[땀뽀꼬 로 쎄.]

저도 잘 모르겠어요.

⑤ **Pregunte a otra persona.**
[쁘레군떼 아 오뜨라 뻬르쏘나.]

다른 사람에게 물어보세요.

⑥ **Yo también soy pasajero/a en transbordo.**
[요 땀비엔 쏘이 빠싸헤로/라 엔 뜨란스보르도.]

저도 환승객이에요.

위급상황

필요한 단어

빨리찾아 말하면 OK!

· 인터넷 쓸 수 있는 데 있어요?
¿Dónde puedo usar Internet?
[돈데 뿌에도 우싸르 인떼르넷?]

· 와이파이 터지는 데 있어요?
¿Dónde puedo usar Wi-Fi?
[돈데 뿌에도 우싸르 위피?]

· 현금 지급기 어딨어요?
¿Dónde hay un cajero automático?
[돈데 아이 운 까헤로 아우또마띠꼬?]

· 휴대폰 대여하는 데 어디예요?
¿Dónde puedo alquilar un teléfono móvil?
[돈데 뿌에도 알낄라르 운 뗄레포노 모빌?]

· 전화할 수 있는 데 어디예요?
¿Dónde puedo hacer una llamada?
[돈데 뿌에도 아쎄르 우나 야마다?]

· 전화 좀 쓸 수 있을까요?
¿Puedo hacer una llamada, por favor?
[뿌에도 아쎄르 우나 야마다, 뽀르 파보르?]

· 편의점 어딨어요?
¿Dónde hay una tienda de 24 horas?
[돈데 아이 우나 띠엔다 데 베인띠꾸아뜨로 오라스?]

· 약국 어딨어요?
¿Dónde hay una farmacia?
[돈데 아이 우나 파르마씨아?]

· 아스피린 있어요?
¿Tiene aspirina?
[띠에네 아스삐리나?]

· 생리통 약 있어요?
¿Tiene pastillas para el dolor menstrual?
[띠에네 빠스띠야스 빠라 엘 돌로르 멘스뜨루알?]

· 흡연 구역 어디예요?
¿Dónde está el área de fumadores?
[돈데 에스따 엘 아레아 데 푸마도레스?]

· 라이터 있으세요?
¿Tiene un encendedor?
[띠에네 운 엔쎈데도르?]

TIP 간혹 와이파이를 "무선 인터넷 Internet Inalámbrico [인떼르넷 인알람브리꼬]" 라고 표기해 놓은 곳도 있어요. / 와이파이존은 la zona Wi-Fi [라 쏘나 위피]라고 합니다.

⚠️ 참지 마세요! 할 말은 합시다!
¡No aguante!

내 가방 가져가지 마세요.

No se lleve mi equipaje.

[노 쎄 **예**베 미 에끼**빠**헤.]

가방을 도둑 맞았어요.

Me han robado mi equipaje.

[메 안 ㄹ로**바**도 미 에끼**빠**헤.]

저기 도둑이에요!

¡Ahí va el ladrón!

[아**이** 바 엘 라드**론**!]

PART 03

거리에서

거리에서

많은 단어를 알 필요 없다
왜? 말할 게 뻔하니까!

01	어딨어요	**dónde está** [돈데 에스따]
02	어떻게 가요	**cómo voy** [꼬모 보이]
03	찾다	**encontrar** [엔꼰뜨라르]
04	길	**camino** [까미노]
05	주소	**dirección** [디렉씨온]
06	지도	**mapa** [마빠]
07	오른쪽	**derecha** [데레차]
08	왼쪽	**izquierda** [이스끼에르다]
09	구역	**manzana** [만싸나]
10	거리	**calle** [까예]
11	모퉁이	**esquina** [에스끼나]

거리

빨리찾아 읽으세요

01 어딨어요 ?   **dónde está**
[돈데 에스따]

· 여기 어딨어요?

· 이 레스토랑 어딨어요?

· 이 백화점 어딨어요?

· 박물관 어딨어요?

· 미술관 어딨어요?

· 버스 정류장 어딨어요?

· 지하철역 어딨어요?

· 택시 정류장 어딨어요?

¿Dónde está este lugar?
[돈데 에스따 에스떼 루가르?]

¿Dónde está este restaurante?
[돈데 에스따 에스떼 ㄹ레스따우란떼?]

¿Dónde está este centro comercial?
[돈데 에스따 에스떼 쎈뜨로 꼬메르씨알?]

¿Dónde está el museo?
[돈데 에스따 엘 무쎄오?]

¿Dónde está esta galería de arte?
[돈데 에스따 에스따 갈레리아 데 아르떼?]

¿Dónde está la parada de autobús?
[돈데 에스따 라 빠라다 데 아우또부스?]

¿Dónde está la estación de metro?
[돈데 에스따 라 에스따씨온 데 메뜨로?]

¿Dónde está la parada de taxi?
[돈데 에스따 라 빠라다 데 딱씨?]

02 어떻게 가요   **cómo voy**
[꼬모 보이]

· 여기 어떻게 가요?

¿Cómo voy a este lugar?
[꼬모 보이 아 에스떼 루가르?]

· 저기 어떻게 가요?
¿Cómo voy allí?
[꼬모 보이 아이?]

· 이 주소로 어떻게 가요?
¿Cómo voy a esta dirección?
[꼬모 보이 아 에스따 디렉씨온?]

· 이 건물 어떻게 가요?
¿Cómo voy a este edificio?
[꼬모 보이 아 에스떼 에디피씨오?]

· 이 레스토랑 어떻게 가요?
¿Cómo voy a este restaurante?
[꼬모 보이 아 에스떼 ㄹ레스따우란떼?]

· 이 박물관 어떻게 가요?
¿Cómo voy a este museo?
[꼬모 보이 아 에스떼 무쎄오?]

· 버스 정류장 어떻게 가요?
¿Cómo voy a la parada de autobús?
[꼬모 보이 알 라 빠라다 데 아우또부스?]

· 지하철역 어떻게 가요?
¿Cómo voy a la estación de metro?
[꼬모 보이 알 라 에스따씨온 데 메뜨로?]

· 택시 정류장 어떻게 가요?
¿Cómo voy a la parada de taxi?
[꼬모 보이 알 라 빠라다 데 딱씨?]

03 찾다 🔍

encontrar
[엔꼰뜨라르]

· 저 여기 찾아요.
Tengo que encontrar este lugar.
[뗑고 께 엔꼰뜨라르 에스떼 루가르.]

· 이 주소 찾아요.
Tengo que encontrar esta dirección.
[뗑고 께 엔꼰뜨라르 에스따 디렉씨온.]

· 레스토랑 찾아요.
Tengo que encontrar un restaurante.
[뗑고 께 엔꼰뜨라르 운 ㄹ레스따우란떼.]

· 버스 정류장 찾아요.

Tengo que encontrar una parada de autobús.
[뗑고 께 엔꼰뜨라르 우나 빠라다 데 아우또부스]

· 택시 정류장 찾아요.

Tengo que encontrar una parada de taxi.
[뗑고 께 엔꼰뜨라르 우나 빠라다 데 딱씨.]

· 지하철역 찾아요.

Tengo que encontrar una estación de metro.
[뗑고 께 엔꼰뜨라르 우나 에스따씨온 데 메뜨로.]

04 길 ⤳

camino
[까미노]

· 이 길이 맞아요?

¿Este es el camino correcto?
[에스떼 에스 엘 까미노 꼬ㄹ렉또?]

· 길 좀 알려줄 수 있어요?

¿Me puede enseñar el camino, por favor?
[메 뿌에데 엔세냐르 엘 까미노, 뽀르 파보르?]

· 이 방향이 맞아요?

¿Esta es la dirección correcta?
[에스따 에스 라 디렉씨온 꼬ㄹ렉따?]

· 이 길이 아닌 것 같아요.

Creo que es el camino equivocado.
[끄레오 께 에스 엘 까미노 에끼보까도.]

05 주소 🏷

dirección
[디렉씨온]

· 이 주소 어디예요?

¿Dónde está esta direccion?
[돈데 에스따 에스따 디렉씨온?]

· 이 주소 어떻게 가요?

¿Cómo voy a esta dirección?
[꼬모 보이 아 에스따 디렉씨온?]

· 이 주소 아세요?

¿Sabe esta dirección?
[싸베 에스따 디렉씨온?]

· 이 주소로 데려다주세요.

Lléveme a esta dirección, por favor.
[예베메 아 에스따 디렉씨온, 뽀르 파보르.]

06 지도

mapa
[마빠]

· 이 지도가 맞아요?

¿Este mapa es correcto?
[에스떼 마빠 에스 꼬ㄹ렉또?]

· 지도의 여기가 어디예요?

¿Dónde está este lugar en el mapa?
[돈데 에스따 에스떼 루가르 엔 엘 마빠?]

· 약도 좀 그려줘요.

Dibújeme un mapa aproximado, por favor.
[디부헤메 운 마빠 아쁘록씨마도, 뽀르 파보르.]

07 오른쪽

derecha
[데레차]

· 오른쪽으로 가요.

A la derecha.
[알 라 데레차.]

· 오른쪽 모퉁이를 돌아요.

Gire a la derecha en la esquina.
[히레 알 라 데레차 엔 라 에스끼나.]

· 오른쪽으로 계속 가요.

Siga a la derecha.
[씨가 알 라 데레차.]

· 오른쪽 건물이에요.

Es el edificio de la derecha.
[에스 엘 에디피씨오 데 라 데레차.]

08 왼쪽 🖙

izquierda
[이스끼에르다]

- 왼쪽으로 가요.

  A la izquierda.
  [알 라 이스끼에르다.]

- 왼쪽 모퉁이를 돌아요.

  Gire a la izquierda en la esquina.
  [히레 알 라 이스끼에르다 엔 라 에스끼나.]

- 왼쪽으로 계속 가요.

  Siga a la izquierda.
  [씨가 알 라 이스끼에르다.]

- 왼쪽 건물이에요.

  Es el edificio de la izquierda.
  [에스 엘 에디피씨오 데 라 이스끼에르다.]

09 구역 🇵

manzana
[만싸나]

- 이 구역을 돌아서 가요.

  Gire cuando pase esta manzana.
  [히레 꾸안도 빠쎄 에스따 만싸나.]

- 두 구역 더 가야 돼요.

  Tiene que andar dos manzanas más.
  [띠에네 께 안다르 도스 만싸나스 마스.]

- 한 구역 더 가야 돼요.

  Tiene que andar una manzana más.
  [띠에네 께 안다르 우나 만싸나 마스.]

- 이 구역을 따라 쭉 가요.

  Siga recto por esta manzana.
  [씨가 ㄹ렉또 뽀르 에스따 만싸나.]

- 그 빌딩은 다음 구역에 있 어요.

  El edificio está en la siguiente manzana.
  [엘 에디피씨오 에스따 엔 라 씨기엔떼 만싸나.]

TIP 구역을 스페인, 아르헨티나에서는) manzana [만싸나]
　　　다른 중남미 국가에서는) cuadra [꾸아드라]

10 거리 📖

calle
[까예]

· 5번 거리 어디예요?	**¿Dónde está la calle 5?** [돈데 에스따 라 까예 씽꼬?]
· 5번 거리로 데려다줘요.	**Lléveme a la calle 5, por favor.** [예베메 알 라 까예 씽꼬, 뽀르 파보르.]
· 이 거리를 따라 쭉 가요.	**Siga recto por esta calle.** [씨가 ㄹ렉또 뽀르 에스따 까예.]
· 이 다음 거리에 있어요.	**Está en la siguiente calle.** [에스따 엔 라 씨기엔떼 까예.]

거리

11 모퉁이 📖

esquina
[에스끼나]

· 이 모퉁이를 돌면 있어요.	**Está a la vuelta de la esquina.** [에스따 알 라 부엘따 델 라 에스끼나.]
· 여기 돌면 있다고 했는데…	**Me dijeron que es por esta esquina.** [메 디헤론 께 에스 뽀르 에스따 에스끼나.]
· 여기 돌면 이 건물이 있어요?	**¿Está este edificio por esta esquina?** [에스따 에스떼 에디피씨오 뽀르 에스따 에스끼나?]
· 여기 말고 다음 거 가셔야 돼요.	**No esta esquina, sino la siguiente.** [노 에스따 에스끼나, 씨노 라 씨기엔떼.]

12 골목

callejón
[까예혼]

· 이 골목으로 들어가요?

¿Paso por este callejón?
[빠쏘 뽀르 에스떼 까예혼?]

· 이 골목으로 들어가요.

Pase por este callejón.
[빠쎄 뽀르 에스떼 까예혼.]

· 이 골목은 아니에요.

No es este callejón.
[노 에스 에스떼 까예혼.]

· 다음 골목이에요.

Es el siguiente callejón.
[에스 엘 씨기엔떼 까예혼.]

· 이 골목은 위험해요.

Este callejón es peligroso.
[에스떼 까예혼 에스 뻴리그로소.]

13 횡단보도

paso de peatones
[빠소 데 뻬아또네스]

· 횡단보도 어디예요?

¿Dónde está el paso de peatones?
[돈데 에스따 엘 빠소 데 뻬아또네스?]

· 횡단보도 멀어요?

¿Está lejos de aquí el paso de peato-nes?
[에스따 레호스 데 아끼 엘 빠소 데 뻬아또네스?]

· 횡단보도 어떻게 가요?

¿Cómo voy al paso de peatones?
[꼬모 보이 알 빠소 데 뻬아또네스?]

· 여기서 건너야 돼요.

Tiene que cruzar por aquí.
[띠에네 께 끄루싸르 뽀르 아끼.]

TIP 횡단보도를 뜻하는 동의어로는 paso de cebra [빠쏘 데 쎄브라]

14 걷다

caminar
[까미나르]

· 여기서 걸어갈 수 있어요? | ¿Puedo ir caminando desde aquí?
[뿌에도 이르 까미난도 데스데 아끼?]

· 얼마나 걸어요? | ¿Cuánto tiempo debo caminar?
[꾸안또 띠엠뽀 데보 까미나르?]

· 뛰어서 가면요? | ¿Y si voy corriendo?
[이 씨 보이 꼬리엔도?]

· 걷기 싫은데 뭐 타면 돼요? | No me gusta caminar.
¿Hay otra manera de ir?
[노 메 구스따 까미나르.
아이 오뜨라 마네라 데 이르?]

거리

15 얼마나 걸려요 ⊙?

cuánto se tarda
[꾸안또 쎄 따르다]

· 여기서 얼마나 걸려요? | ¿Cuánto se tarda desde aquí?
[꾸안또 쎄 따르다 데스데 아끼?]

· 걸어서 얼마나 걸려요? | ¿Cuánto se tarda caminando?
[꾸안또 쎄 따르다 까미난도?]

· 버스로 얼마나 걸려요? | ¿Cuánto se tarda en autobús?
[꾸안또 쎄 따르다 엔 아우또부스?]

· 지하철로 얼마나 걸려요? | ¿Cuánto se tarda en metro?
[꾸안또 쎄 따르다 엔 메뜨로?]

· 택시로 얼마나 걸려요? | ¿Cuánto se tarda en taxi?
[꾸안또 쎄 따르다 엔 딱씨?]

TIP 버스를 중남미에서는) camión [까미온], pesero [뻬쎄로],
colectivo [꼴렉띠보], ómnibus [옴니부스]

16 고마워요 😊

gracias
[그라씨아스]

· 고마워요!

¡Gracias!
[그라씨아스!]

· 도와줘서 고마워요.

Gracias por su ayuda.
[그라씨아스 뽀르 쑤 아유다.]

· 당신 덕분에 살았어요.

Me salvó la vida.
[메 쌀보 라 비다.]

말만하니? 난 듣기도 돼!

🎧 **듣고 따라해 보세요.**

질문을 했을 때 상대방이 할 수 있는 대답을 미리 예상해보고 발음을 들어보세요.

¿Cómo voy a este lugar?
[꼬모 보이 아 에스떼 루가르?]

이곳으로 가려면 어떻게 가야 하나요?

① **Tiene que ir en taxi.**
[띠에네 께 이르 엔 딱씨.]

택시 타고 가야 해요.

② **Tiene que ir en autobús.**
[띠에네 께 이르 엔 아우또부스.]

버스 타고 가야 해요.

③ **Tiene que ir en metro.**
[띠에네 께 이르 엔 메뜨로.]

지하철 타고 가야 해요.

④ **Puede ir caminando.**
[뿌에데 이르 까미난도.]

걸어갈 수 있어요.

⑤ **Yo también soy turista.**
[요 땀비엔 쏘이 뚜리스따.]

저도 관광객이에요.

⑥ **Estoy yendo a ese lugar también. Vamos juntos.**
[에스또이 옌도 아 에쎄 루가르 땀비엔. 바모스 훈또스.]

저도 거기 가는 중이에요. 같이 가요.

위급상황 필요한 단어

빨리찾아 말하면 OK!

· 저 길을 잃었어요.

Estoy perdido/a.
[에스또이 뻬르디도/다.]

· 저 여행객인데, 도와주세요.

Soy viajero/a. ¿Me puede ayudar, por favor?
[쏘이 비아헤로/라. 메 뿌에데 아유다르, 뽀르 파보르?]

· 소매치기 당했어요!

¡Me robaron!
[메 ㄹ로바론!]

· 경찰 불러줘요!

¡Llame a la Policía, por favor!
[야메 알 라 뽈리씨아, 뽀르 파보르.]

· 저기 도둑이에요! 잡아!

¡Ahí está el ladrón! ¡Agárrelo!
[아이 에스따 엘 라드론! 아가ㄹ렐로!]

· 공중화장실 어디 있나요?

¿Dónde está el servicio?
[돈데 에스따 엘 쎄르비씨오?]

· 화장실 좀 써도 되나요?

¿Puedo usar el baño, por favor?
[뿌에도 우싸르 엘 바뇨, 뽀르 파보르?]

· 저 정말… 급해요.

Tengo mucha prisa.
[뗑고 무차 쁘리싸.]

· 저 돈 없어요.

No tengo dinero.
[노 뗑고 디네로.]

· 진짜예요.

En serio.
[엔 쎄리오.]

· 소리 지를 거예요!

¡Voy a gritar!
[보이 아 그리따르!]

TIP 공중화장실을 **스페인에서는)** servicio [쎄르비씨오]

피식

¡No me molestes!
귀찮게 하지 마!

참나, 예쁜 건 알아 가지고~

흠...
커피 한잔..

⚠ 참지 마세요! 할 말은 합시다!
¡No aguante!

시간 없어.
No tengo tiempo.
[노 뗑고 띠엠뽀.]

친구 기다리고 있어.
Estoy esperando a mi amigo.
[에스또이 에스뻬란도 아 미 아미고.]

귀찮게 하지 마!
¡No me molestes!
[노 메 몰레스떼스!]

호텔 142p   식당 172p   관광 210p   쇼핑 234p   귀국 256p

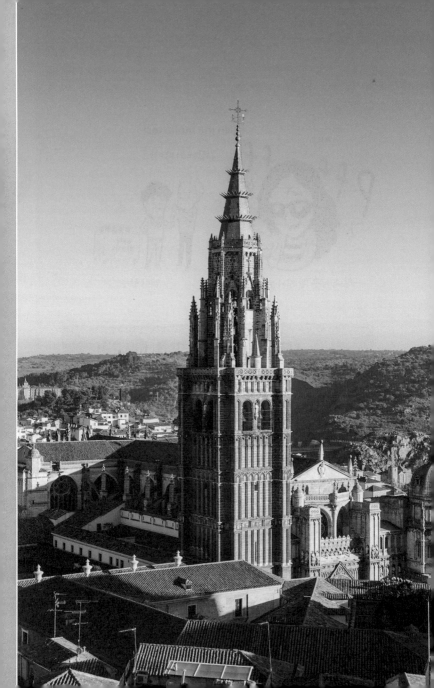

PART 04

택시와
버스에서

택시 &
버스에서

많은 단어를 알 필요 없다
왜? 말할 게 뻔하니까!

01	택시 정류장	**parada de taxi** [빠라다 데 딱씨]
02	~로 가주세요	**lléveme a** [예베메 아]
03	주소	**dirección** [디렉씨온]
04	기본 요금	**tarifa básica** [따리파 바씨까]
05	요금	**tarifa** [따리파]
06	트렁크	**maletero** [말레떼로]
07	더 빨리	**más rápido** [마스 ㄹ라삐도]
08	세워주세요	**pare** [빠레]
09	잔돈	**cambio** [깜비오]
10	신용카드	**tarjeta de crédito** [따르헤따 데 끄레디또]
11	버스 정류장	**parada de autobús** [빠라다 데 아우또부스]

택시 & 버스

빨리찾아 읽으세요

01 택시 정류장 🚕 parada de taxi
[빠라다 데 딱씨]

· 택시 정류장 어디예요?
¿Dónde hay una parada de taxi?
[돈데 아이 우나 빠라다 데 딱씨?]

· 택시 정류장이 가까워요?
¿Está la parada de taxi cerca de aquí?
[에스따 라 빠라다 데 딱씨 쎄르까 데 아끼?]

· 택시 어디서 탈 수 있어요?
¿Dónde puedo tomar un taxi?
[돈데 뿌에도 또마르 운 딱씨?]

· 택시 정류장 걸어갈 수 있어요?
¿Puedo ir caminando hasta la parada de taxi?
[뿌에도 이르 까미난도 아스따 라 빠라다 데 딱씨?]

02 ~로 가주세요 🖐 lléveme a
[예베메 아]

· 여기로 가주세요.
Lléveme a este lugar, por favor.
[예베메 아 에스떼 루가르, 뽀르 파보르.]

· 이 주소로 가주세요.
Lléveme a esta dirección, por favor.
[예베메 아 에스따 디렉씨온, 뽀르 파보르.]

· 이 호텔로 가주세요.
Lléveme a este hotel, por favor.
[예베메 아 에스떼 오뗄, 뽀르 파보르.]

· 이 박물관으로 가주세요.
Lléveme a este museo, por favor.
[예베메 아 에스떼 무쎄오, 뽀르 파보르.]

· 이 미술관으로 가주세요.
Lléveme a esta galería de arte, por favor.
[예베메 아 에스따 갈레리아 데 아르떼, 뽀르 파보르.]

· 이 공원으로 가주세요. **Lléveme a este parque, por favor.**
[예베메 아 에스떼 빠르께, 뽀르 파보르.]

· 시내로 가주세요. **Lléveme al centro, por favor.**
[예베메 알 쎈뜨로, 뽀르 파보르.]

· 공항으로 가주세요. **Lléveme al aeropuerto, por favor.**
[예베메 알 아에로뿌에르또, 뽀르 파보르.]

03 주소

dirección
[디렉씨온]

· 이 주소로 가주세요. **Lléveme a esta dirección, por favor.**
[예베메 아 에스따 디렉씨온, 뽀르 파보르.]

· 이 주소 어딘지 아세요? **¿Sabe dónde está esta dirección?**
[싸베 돈데 에스따 에스따 디렉씨온?]

· 이 주소가 이상해요. **Esta dirección es extraña.**
[에스따 디렉씨온 에스 엑스뜨라냐.]

· 이 주소에서 가까운 데로 **Lléveme cerca de esta dirección,**
가주세요. **por favor.**
[예베메 쎄르까 데 에스따 디렉씨온,
뽀르 파보르.]

04 기본 요금

tarifa básica
[따리파 바씨까]

· 기본 요금이 얼마예요? **¿Cuánto es la tarifa básica?**
[꾸안또 에스 라 따리파 바씨까?]

· 기본 요금이 비싸요. **La tarifa básica es muy cara.**
[라 따리파 바씨까 에스 무이 까라.]

05 요금 🎟️

tarifa
[따리파]

· 요금이 얼마예요?

¿Cuánto es la tarifa?
[꾸안또 에스 라 따리파?]

· 요금 얼마 드려야 되죠?

¿Cuánto le doy?
[꾸안또 레 도이?]

· 요금이 비싸요.

La tarifa es muy cara.
[라 따리파 에스 무이 까라.]

· 현금으로 할게요.

Voy a pagar en efectivo.
[보이 아 빠가르 엔 에펙띠보.]

06 트렁크 🚗

maletero
[말레떼로]

· 트렁크 열어주세요.

Abra el maletero, por favor.
[아브라 엘 말레떼로, 뽀르 파보르.]

· 트렁크 안 열려요.

No se abre el maletero.
[노 쎄 아브레 엘 말레떼로.]

· 이거 넣는 것 좀 도와주세요.

Ayúdeme a meter esto, por favor.
[아유데메 아 메떼르 에스또, 뽀르 파보르.]

· 팁 드릴게요.

Le daré propina.
[레 다레 쁘로삐나.]

TIP 트렁크를 멕시코에서는) cajuela [까후엘라]

07 더 빨리

más rápido
[마스 ㄹ라삐도]

- 더 빨리 가주실 수 없나요? **¿Puede ir más rápido?**
  [뿌에데 이르 마스 ㄹ라삐도?]

- 더 빨리 가주세요. **Vaya más rápido, por favor.**
  [바야 마스 ㄹ라삐도, 뽀르 파보르.]

- 더 빨리 가야 돼요. **Tengo que ir más rápido.**
  [뗑고 께 이르 마스 ㄹ라삐도.]

08 세워주세요

pare
[빠레]

- 여기서 세워주세요. **Pare aquí, por favor.**
  [빠레 아끼, 뽀르 파보르.]

- 횡단보도에서 세워주세요. **Pare en el paso de peatones, por favor.**
  [빠레 엔 엘 빠소 데 뻬아또네스, 뽀르 파보르.]

- 모퉁이 돌아서 세워주세요. **Pare a la vuelta de la esquina, por favor.**
  [빠레 알 라 부엘따 데 라 에스끼나, 뽀르 파보르.]

- 한 구역 더 가서 세워주세요. **Pare en la siguiente manzana, por favor.**
  [빠레 엔 라 씨기엔데 만싸나, 뽀르 파보르.]

TIP 구역을 스페인, 아르헨티나에서는) manzana [만싸나]
다른 중남미 국가에서는) cuadra [꾸아드라]

09 잔돈

cambio
[깜비오]

- 잔돈은 됐어요. **Quédese con el cambio.**
  [께데쎄 꼰 엘 깜비오.]

· 잔돈 왜 안 줘요?　　　　¿Por qué no me da el cambio?
　　　　　　　　　　　　[뽀르 께 노 메 다 엘 깜비오?]

· 동전으로 주세요.　　　　Démelo en monedas, por favor.
　　　　　　　　　　　　[데멜로 엔 모네다스, 뽀르 파보르.]

10 신용카드 💳   tarjeta de crédito
[따르헤따 데 끄레디또]

· 신용카드 되나요?　　　　¿Acepta tarjetas de crédito?
　　　　　　　　　　　　[아쎕따 따르헤따스 데 끄레디또?]

· 현금 있어요.　　　　　　Tengo efectivo.
　　　　　　　　　　　　[뗑고 에펙띠보.]

· 현금 없어요.　　　　　　No tengo efectivo.
　　　　　　　　　　　　[노 뗑고 에펙띠보.]

11 버스 정류장 🚌   parada de autobús
[빠라다 데 아우또부스]

· 버스 정류장 어디예요?　　¿Dónde está la parada de autobús?
　　　　　　　　　　　　[돈데 에스따 라 빠라다 데 아우또부스?]

· 버스 정류장 가까워요?　　¿Está cerca la parada de autobús?
　　　　　　　　　　　　[에스따 쎄르까 라 빠라다 데 아우또부스?]

· 버스 어디서 탈 수 있어요?　¿Dónde puedo tomar el autobús?
　　　　　　　　　　　　[돈데 뿌에도 또마르 엘 아우또부스?]

· 버스 정류장 걸어갈 수 있어요?　¿Puedo ir caminando hasta la parada de autobús?
　　　　　　　　　　　　[뿌에도 이르 까미난도 아스따 라 빠라다 데 아우또부스?]

12 ~행 버스

autobús para
[아우또부스 빠라]

· 이거 시내 가는 버스예요?

¿Este es el autobús para el centro?
[에스떼 에스 엘 아우또부스 빠라 엘 쎈뜨로?]

· 이거 공항 가는 버스예요?

¿Este es el autobús para el aeropuerto?
[에스떼 에스 엘 아우또부스 빠라 엘
아에로뿌에르또?]

· 이거 지하철역 가는 버스
예요?

**¿Este es el autobús para la estación
de metro?**
[에스떼 에스 엘 아우또부스 빠라 라
에스따씨온 데 메뜨로?]

TIP 버스를 중남미에서는) camión [까미온], pesero [뻬쎄로],
colectivo [꼴렉띠보], ómnibus [옴니부스]

택시 & 버스

13 반대쪽

el otro lado
[엘 오뜨로 라도]

· 반대쪽에서 타야 됩니다.

Lo tiene que tomar en el otro lado.
[로 띠에네 께 또마르 엔 엘 오뜨로 라도.]

· 반대쪽으로 가려면 어디로
가요?

¿Cómo llego al otro lado?
[꼬모 예고 알 오뜨로 라도?]

· 반대쪽 버스가 시내에 가
요?

¿El autobús del otro lado va al centro?
[엘 아우또부스 델 오뜨로 라도 바 알 쎈뜨로?]

14 기다리다 ✋

esperar
[에스뻬라르]

· 얼마나 기다려요?

¿Cuánto tiempo tengo que esperar?
[꾸안또 띠엠뽀 뗑고 께 에스뻬라르?]

· 10분 기다리세요.

Tiene que esperar diez minutos.
[띠에네 께 에스뻬라르 디에스 미누또스.]

· 기다리지 마세요. 여기 안
  와요.

No espere. No viene por aquí.
[노 에스뻬레. 노 비에네 뽀르 아끼.]

15 버스 요금 💶

tarifa de autobús
[따리파 데 아우또부스]

· 버스 요금이 얼마예요?

¿Cuánto es la tarifa de autobús?
[꾸안또 에스 라 따리파 데 아우또부스?]

· 버스 요금 현금으로 내요?

¿Tengo que pagar en efectivo?
[뗑고 께 빠가르 엔 에펙띠보?]

· 버스 요금은 어떻게 내요?

¿Cómo pago la tarifa de autobús?
[꼬모 빠고 라 따리파 데 아우또부스?]

16 환승 🚎

transbordo
[뜨란스보르도]

· 어디서 환승해요?

¿Dónde hago el transbordo?
[돈데 아고 엘 뜨란스보르도?]

· 몇 번으로 환승해요?

¿A cuál me transbordo?
[아 꾸알 메 뜨란스보르도?]

17 내려요 🚌

me bajo
[메 바호]

· 저 여기서 내려요.
Me bajo aquí.
[메 바호 아끼.]

· 저 어디서 내려요?
¿Dónde me bajo?
[돈데 메 바호?]

· 여기서 내리는 거 맞아요?
¿Me bajo aquí?
[메 바호 아끼?]

· 내려야 할 때 알려주세요.
Dígame cuándo tengo que bajarme.
[디가메 꾸안도 뗑고 께 바하르메.]

18 정거장 🚌

parada
[빠라다]

· 몇 정거장 가야 돼요?
¿Cuántas paradas tengo que pasar?
[꾸안따스 빠라다스 뗑고 께 빠싸르?]

· 이번 정거장에서 내리나요?
¿Me bajo en esta parada?
[메 바호 엔 에스따 빠라다?]

· 제 정거장이에요?
¿Esta es mi parada?
[에스따 에스 미 빠라다?]

위급상황

필요한 단어

빨리찾아 말하면 OK!

- 창문 좀 열어도 되죠?
  ¿Puedo abrir la ventana?
  [뿌에도 아브리르 라 벤따나?]

- 창문이 안 열려요.
  No se abre la ventana.
  [노 쎄 아브레 라 벤따나.]

- 창문에 목이 끼었어요.
  Me he pillado el cuello en la ventana.
  [메 에 삐야도 엘 꾸에요 엔 라 벤따나.]

- 문이 안 열려요.
  No se abre la puerta.
  [노 쎄 아브레 라 뿌에르따.]

- 옷이 끼었어요.
  Mi ropa se ha quedado pillada.
  [미 ㄹ로빠 쎄 아 께다도 삐야다.]

- 왜 돌아가요?
  ¿Por qué se está desviando?
  [뽀르 께 쎄 에스따 데스비안도?]

- 돌아가는 거 같은데요!
  ¡Se está desviando!
  [쎄 에스따 데스비안도!]

- 깎아줘요.
  Descuento, por favor.
  [데스꾸엔또, 뽀르 파보르.]

- 장거리잖아요.
  Es una larga distancia.
  [에스 우나 라르가 디스딴씨아.]

- 비싸요.
  Es muy caro.
  [에스 무이 까로.]

- 저 못 내렸어요!
  ¡He perdido mi parada!
  [에 뻬르디도 미 빠라다!]

- 여기서 내려야 되는데!
  ¡Me tengo que bajar aquí!
  [메 땡고 께 바하르 아끼!]

- 세워줘요!
  ¡Pare, por favor!
  [빠레, 뽀르 파보르!]

택시 & 버스

· 잔돈 없어요.

No tengo cambio.
[노 뗑고 깜비오.]

· 잔돈 주세요.

Deme cambio, por favor.
[데메 깜비오, 뽀르 파보르.]

· 지폐도 받나요?

¿Acepta billetes?
[아쎕따 비예떼스?]

· 벨 어디 있어요?

¿Dónde está el timbre?
[돈데 에스따 엘 띰브레?]

· 벨 좀 눌러주실래요?

¿Podría tocar el timbre, por favor?
[뽀드리아 또까르 엘 띰브레, 뽀르 파보르?]

· 벨이 손에 안 닿네요.

No alcanzo el timbre.
[노 알깐쏘 엘 띰브레.]

· 벨을 눌렀어야죠!

¡Debería haber tocado el timbre!
[데베리아 아베르 또까도 엘 띰브레!]

· 벨 눌렀거든요!

¡Sí he tocado el timbre!
[씨 에 또까도 엘 띰브레!]

· 문 좀 열어주세요.

Ábrame la puerta, por favor.
[아브라메 라 뿌에르따, 뽀르 파보르.]

· 문이 안 닫혔어요.

La puerta no está cerrada.
[라 뿌에르따 노 에스따 쎄ㄹ라다.]

· 문에 손이 끼었어요!

¡Me he pillado la mano en la puerta!
[메 에 삐야도 라 마노 엔 라 뿌에르따!]

· 문에 스카프가 끼었어요!

¡Mi bufanda se ha quedado pillada en la puerta!
[미 부판다 쎄 아 께다도 삐야다 엔 라 뿌에르따!]

· 창문 좀 닫아주실래요?

¿Podría cerrar la ventana, por favor?
[뽀드리아 쎄ㄹ라르 라 벤따나, 뽀르 파보르?]

· 창문 열어도 되나요?

¿Puedo abrir la ventana?
[뿌에도 아브리르 라 벤따나?]

· 창문을 닫을 수가 없어요. **No puedo cerrar la ventana.**
[노 뿌에도 쎄ㄹ라르 라 벤따나.]

· 창문을 열 수가 없어요. **No puedo abrir la ventana.**
[노 뿌에도 아브리르 라 벤따나.]

· 저기요, 당신 머리카락이 **Dispculpe, su pelo se ha quedado**
  창문에 끼었어요. **pillado en la ventana.**
[디스꿀뻬, 쑤 뻴로 쎄 아 께다도 삐야도 엔 라
벤따나.]

TIP 티켓을 중남미에서는) boleto [볼레또]

택시
&
버스

바글 바글

힝

사람이 너무 많아..

벌떡

앗, 내 앞!

Ains...

휴..

¡Ohhhh! Ya puedo sentarme.

하아..이제 앉을 수 있다.

퍽!!

¡Zas!

커억

¡Muévete!

비켜!

⚠️ 참지 마세요! 할 말은 합시다!
¡No aguante!

밀지 마세요.

No me empuje, por favor.
[노 메 **엠뿌헤**, 뽀르 파보르.]

밟지 마세요.

No me pise, por favor.
[노 메 **삐세**, 뽀르 파보르.]

만지지 마세요.

No me toque, por favor.
[노 메 **또께**, 뽀르 파보르.]

   123

PART 05
전철과
기차에서

전철 & 기차에서

많은 단어를 알 필요 없다
왜? 말할 게 뻔하니까!

01	지하철역	**estación de metro** [에스따씨온 데 메뜨로]
02	기차역	**estación de tren** [에스따씨온 데 뜨렌]
03	호선	**línea** [리네아]
04	노선도	**plano del metro** [쁠라노 델 메뜨로]
05	시간표	**horario** [오라리오]
06	매표소	**taquilla de billetes** [따끼야 데 비예떼스]
07	발권기	**máquina de billetes** [마끼나 데 비예떼스]
08	요금	**tarifa** [따리파]
09	급행열차	**tren rápido** [뜨렌 ㄹ라삐도]
10	편도	**ida** [이다]
11	왕복	**ida y vuelta** [이다 이 부엘따]

전철
&
기차

빨리찾아 읽으세요

01 지하철역 🚇
estación de metro
[에스따씨온 데 메뜨로]

· 지하철역 어디예요?
¿Dónde está la estación de metro?
[돈데 에스따 라 에스따씨온 데 메뜨로?]

· 지하철역 어떻게 가요?
¿Cómo voy a la estación de metro?
[꼬모 보이 알 라 에스따씨온 데 메뜨로?]

· 여기가 지하철역이에요?
¿Esta es la estación de metro?
[에스따 에스 라 에스따씨온 데 메뜨로?]

· 지하철역 여기서 멀어요?
¿Está lejos de aquí la estación de metro?
[에스따 레호스 데 아끼 라 에스따씨온 데 메 뜨로?]

· 지하철역으로 데려다주세요.
Lléveme a la estación de metro, por favor.
[예베메 알 라 에스따씨온 데 메뜨로, 뽀르 파보르.]

02 기차역 🚂
estación de tren
[에스따씨온 데 뜨렌]

· 기차역 어디예요?
¿Dónde está la estación de tren?
[돈데 에스따 라 에스따씨온 데 뜨렌?]

· 기차역 어떻게 가요?
¿Cómo voy a la estación de tren?
[꼬모 보이 알 라 에스따씨온 데 뜨렌?]

· 여기가 기차역이에요?
¿Esta es la estación de tren?
[에스따 에스 라 에스따씨온 데 뜨렌?]

· 기차역 여기서 멀어요?
¿Está lejos de aquí la estación de tren?
[에스따 레호스 데 아끼 라 에스따씨온 데 뜨렌?]

· 기차역으로 데려다주세요. **Lléveme a la estación de tren, por favor.**
[예베메 알 라 에스따씨온 데 뜨렌, 뽀르 파보르.]

03 호선

línea
[리네아]

· 여기 갈 건데 몇 호선 타요? **Tengo que ir a este lugar, ¿qué línea tomo?**
[뗑고 께 이르 아 에스떼 루가르, 께 리네아 또모?]

· 이 노선 타면 여기 가나요? **¿Esta línea me lleva a este lugar?**
[에스따 리네아 메 예바 아 에스떼 루가르?]

· 이 노선으로 갈아탈 거예요. **Me transbordo a esta línea.**
[메 뜨란스보르도 아 에스따 리네아.]

04 노선도

plano del metro
[쁠라노 델 메뜨로]

· 노선도는 어디 있나요? **¿Dónde está el plano del metro?**
[돈데 에스따 엘 쁠라노 델 메뜨로?]

· 노선도 하나 받을 수 있나요? **¿Me da un plano del metro?**
[메 다 운 쁠라노 델 메뜨로?]

· 노선도 보는 것 좀 도와주세요. **Ayúdeme a buscar en este plano del metro, por favor.**
[아유데메 아 부스까르 엔 에스떼 쁠라노 델 메뜨로, 뽀르 파보르.]

05 시간표 ⏱️ horario
[오라리오]

· 시간표 어디서 봐요?
¿Dónde puedo ver el horario?
[돈데 뿌에도 베르 엘 오라리오?]

· 시간표 보여주세요.
Muéstreme el horario, por favor.
[무에스뜨레메 엘 오라리오, 뽀르 파보르.]

· 시간표가 복잡해요.
El horario es muy lioso.
[엘 오라리오 에스 무이 리오소.]

· 시간표 보는 것 좀 도와줘요.
Ayúdeme a revisar el horario, por favor.
[아유데메 아 ㄹ레비싸르 엘 오라리오, 뽀르 파보르.]

06 매표소 🚩 taquilla de billetes
[따끼야 데 비예떼스]

· 매표소 어디예요?
¿Dónde está la taquilla de billetes?
[돈데 에스따 라 따끼야 데 비예떼스?]

· 매표소 어떻게 가요?
¿Cómo voy a la taquilla de billetes?
[꼬모 보이 알 라 따끼야 데 비예떼스?]

· 매표소로 데려다주세요.
Lléveme a la taquilla de billetes, por favor.
[예베메 알 라 따끼야 데 비예떼스, 뽀르 파보르.]

· 표 살 거예요.
Voy a comprar un billete.
[보이 아 꼼쁘라르 운 비예떼.]

> **TIP** 티켓을 **중남미에서는)** boleto [볼레또]
> 매표소를 뜻하는 동의어로는
> taquilla [따끼야], boletería [볼레떼리아], ventanilla [벤따니야]

07 발권기 ✈️

máquina de billetes
[마끼나 데 비예떼스]

· 발권기 어딨어요?

¿Dónde está la máquina de billetes?
[돈데 에스따 라 마끼나 데 비예떼스?]

· 발권기 어떻게 써요?

¿Cómo se usa la máquina de billetes?
[꼬모 쎄 우싸 라 마끼나 데 비예떼스?]

· 발권기 안 되는데요.

No funciona esta máquina de billetes.
[노 푼씨오나 에스따 마끼나 데 비예떼스.]

· 발권기 쓰는 것 좀 도와줘요.

Ayúdeme con la máquina de billetes, por favor.
[아유데메 꼰 라 마끼나 데 비예떼스, 뽀르 파보르.]

· 제 표가 안 나와요.

No sale mi billete.
[노 쌀레 미 비예떼.]

08 요금 💵

tarifa
[따리파]

· 요금 얼마예요?

¿Cuánto es la tarifa?
[꾸안또 에스 라 따리파?]

· 신용카드 되나요?

¿Acepta tarjetas de crédito?
[아쎕따 따르헤따스 데 끄레디또?]

· 현금 없어요.

No tengo efectivo.
[노 뗑고 에펙띠보.]

· 여행자 수표 되나요?

¿Acepta cheques de viaje?
[아쎕따 체께스 데 비아헤?]

09 급행열차 🚄

tren rápido
[뜨렌 ㄹ라삐도]

· 여기로 가는 급행열차 있어요?

¿Hay un tren rápido para este lugar?
[아이 운 뜨렌 ㄹ라삐도 빠라 에스떼 루가르?]

· 급행열차는 얼마예요?

¿Cuánto cuesta un billete de tren rápido?
[꾸안또 꾸에스따 운 비예떼 데 뜨렌 ㄹ라삐도?]

· 급행열차 어디서 타요?

¿Dónde puedo tomar el tren rápido?
[돈데 뿌에도 또마르 엘 뜨렌 ㄹ라삐도?]

· 급행열차 몇 시에 있어요?

¿A qué hora sale el tren rápido?
[아 께 오라 쌀레 엘 뜨렌 ㄹ라삐도?]

TIP 스페인에서는 우리나라의 KTX 같은 AVE(Alta Velocidad Española)를 많이 이용합니다.

10 편도 🚃

ida
[이다]

· 편도로 2장 주세요.

Dos billetes de ida, por favor.
[도스 비예떼스 데 이다, 뽀르 파보르.]

· 편도로 달라고 했어요.

He dicho un billete de ida.
[에 디초 운 비예떼 데 이다.]

· 이거 편도 표 아닌데요.

Este no es un billete de ida.
[에스떼 노 에스 운 비예떼 데 이다.]

· 이거 편도 표 맞아요?

¿Este es un billete de ida?
[에스떼 에스 운 비예떼 데 이다?]

· 이거 편도로 바꿀 수 있어요?

¿Puedo cambiar este billete por uno de ida?
[뿌에도 깜비아르 에스떼 비예떼 뽀르 우노 데 이다?]

11 왕복

ida y vuelta
[이다 이 부엘따]

· 왕복으로 한 장이요.
Un billete de ida y vuelta, por favor.
[운 비예떼 데 **이**다 이 부엘따, 뽀르 파보르.]

· 왕복으로 달라고 했어요.
He dicho un billete de ida y vuelta.
[에 **디**초 운 비예떼 데 **이**다 이 부엘따.]

· 이거 왕복표 아닌데요.
Este no es un billete de ida y vuelta.
[에스떼 **노** 에스 운 비예떼 데 **이**다 이 부엘따.]

· 이거 왕복표 맞아요?
¿Este es un billete de ida y vuelta?
[에스떼 에스 운 비예떼 데 **이**다 이 부엘따?]

· 이거 왕복으로 바꿀 수 있어요?
¿Puedo cambiar este billete por uno de ida y vuelta?
[뿌에도 깜비아르 에스떼 뽀르 **우**노 데 **이**다 이 부엘따?]

12 일일 승차권

billete de un día
[비**예**떼 데 운 **디**아]

· 일일 승차권 주세요.
Un billete de un día, por favor.
[운 비**예**떼 데 운 **디**아, 뽀르 파보르.]

· 일일 승차권 얼마예요?
¿Cuánto cuesta el billete de un día?
[꾸안또 꾸에스따 엘 비**예**떼 데 운 **디**아?]

· 일일 승차권은 어떻게 써요?
¿Cómo se usa el billete de un día?
[꼬모 쎄 우싸 엘 비**예**떼 데 운 **디**아?]

전철 & 기차

13 ~로 가는 표

billete para
[비예떼 빠라]

· 여기 가는 표 한 장이요.
Un billete para este lugar, por favor.
[운 비예떼 빠라 에스떼 루가르, 뽀르 파보르.]

· 고야역으로 가는 표 한 장이요.
Un billete para la estación Goya, por favor.
[운 비예떼 빠라 라 에스따씨온 고야, 뽀르 파보르.]

· 여기 가는 표 얼마예요?
¿Cuánto es el billete para este lugar?
[꾸안또 에스 엘 비예떼 빠라 에스떼 루가르?]

14 승강장

andén
[안덴]

· 8번 승강장 어디예요?
¿Dónde está el andén ocho?
[돈데 에스따 엘 안덴 오초?]

· 승강장을 못 찾겠어요.
No puedo encontrar el andén.
[노 뿌에도 엔꼰뜨라르 엘 안덴.]

· 승강장으로 데려가 주세요.
Lléveme al andén, por favor.
[예베메 엘 안덴, 뽀르 파보르.]

15 환승

transbordo
[뜨란스보르도]

· 환승 하는 데 어디예요?
¿Dónde hago el transbordo?
[돈데 아고 엘 뜨란스보르도?]

· 환승 여기서 해요?
¿Transbordo aquí?
[뜨란스보르도 아끼?]

· 여기로 가려면 환승해야 돼요?

¿Tengo que transbordar para ir a este lugar?
[뗑고 께 뜨란스보르다르 빠라 이르 아 에스떼 루가르?]

· 환승하려면 여기서 내려요?

¿Me bajo aquí para transbordar?
[메 바호 아끼 빠라 뜨란스보르다르?]

16 내리다 🎫↴

bajarse
[바하르쎄]

· 여기서 내리세요.

Bájese aquí.
[바헤쎄 아끼.]

· 여기서 내리면 안 됩니다.

No se baje aquí.
[노 쎄 바헤 아끼.]

· 여기서 내리면 되나요?

¿Me bajo aquí?
[메 바호 아끼?]

· 이 역에서 내려야 됩니다.

Tiene que bajarse aquí.
[띠에네 께 바하르쎄 아끼.]

17 자리 🪑

asiento
[아씨엔또]

· 자리 있어요?

¿Este asiento está ocupado?
[에스떼 아씨엔또 에스따 오꾸빠도?]

· 여기 앉아도 되나요?

¿Me puedo sentar aquí?
[메 뿌에도 쎈따르 아끼?]

· 가방 좀 치워 주실래요?

¿Podría mover su bolso, por favor?
[뽀드리아 모베르 쑤 볼쏘, 뽀르 파보르?]

18 식당 칸 🍴

cafetería
[까페떼리아]

· 식당 칸 있어요?
¿Hay una cafetería?
[아이 우나 까페떼리아?]

· 식당 칸 어디예요?
¿Dónde está la cafetería?
[돈데 에스따 라 까페떼리아?]

· 식당 칸에서 멀어요?
¿Queda lejos de la cafetería?
[께다 레호스 데 라 까페떼리아?]

· 식당 칸에서 가까운 자리로 주세요.
Quiero un asiento cerca de la cafetería, por favor.
[끼에로 운 아씨엔또 쎄르까 데 라 까페떼리아, 뽀르 파보르.]

19 일반석 🪑

clase económica
[끌라쎄 에꼬노미까]

· 일반석으로 주세요.
Deme un billete de clase económica, por favor.
[데메 운 비예떼 데 끌라쎄 에꼬노미까, 뽀르 파보르.]

· 일반석 남았어요?
¿Quedan billetes de clase económica?
[께단 비예떼스 데 끌라쎄 에꼬노미까?]

· 일반석은 얼마예요?
¿Cuánto cuesta un billete de clase económica?
[꾸안또 꾸에스따 운 비예떼 데 끌라쎄 에꼬노미까?]

20 1등석 🍱

primera clase
[쁘리메라 끌라쎄]

· 1등석으로 주세요.

Deme un billete de primera clase, por favor.
[데메 운 비예떼 데 쁘리메라 끌라쎄, 뽀르 파보르.]

· 1등석은 얼마예요?

¿Cuánto cuesta un billete de primera clase?
[꾸안또 꾸에스따 운 비예떼 데 쁘리메라 끌라쎄?]

· 1등석은 뭐가 좋아요?

¿Qué es lo bueno de primera clase?
[께 에스 로 부에노 데 쁘리메라 끌라쎄?]

전철
&
기차

위급상황 필요한 단어

01 분실했어요
he perdido
[에 뻬르디도]

02 표
billete
[비예떼]

03 실수한, 잘못한
equivocado
[에끼보까도]

빨리찾아 말하면 OK!

· 표를 분실했어요.
He perdido mi billete.
[에 뻬르디도 미 비예떼.]

· 일일 승차권을 분실했어요.
He perdido mi billete de un día.
[에 뻬르디도 미 비예떼 데 운 디아.]

· 가방을 분실했어요.
He perdido mi bolso.
[에 뻬르디도 미 볼쏘.]

· 지하철에 가방을 놓고 내렸어요.
He dejado mi bolso en el metro.
[에 데하도 미 볼쏘 엔 엘 메뜨로.]

· 분실물 센터가 어디예요?
¿Dónde está la oficina de objetos perdidos?
[돈데 에스따 라 오피씨나 데 옵헤또스 뻬르디도스?]

· 제 표가 없어졌어요.
Ha desaparecido mi billete.
[아 데싸빠레씨도 미 비예떼.]

· 표 어떻게 넣어요?
¿Cómo meto el billete?
[꼬모 메또 엘 비예떼?]

· 표가 안 나와요.
No sale el billete.
[노 쌀레 엘 비예떼.]

· 표를 잘못 샀어요.
Tengo un billete equivocado.
[뗑고 운 비예떼 에끼보까도.]

· 열차 잘못 탔어요.
He tomado el tren equivocado.
[에 또마도 엘 뜨렌 에끼보까도.]

· 호선을 잘못 탔어요.
He tomado la línea equivocada.
[에 또마도 라 리네아 에끼보까다.]

TIP 티켓을 중남미에서는) boleto [볼레또]

⚠ 참지 마세요! 할 말은 합시다!
¡No aguante!

잘못 앉으신 거 같은데요.

Me parece que usted se ha equivocado de asiento.
[메 빠레쎄 께 우스뗏 세 아 에끼보까도 데 아씨엔또.]

비켜 주세요.

Muévase al otro lado, por favor.
[무에바쎄 알 오뜨로 라도, 뽀르 파보르.]

당신 자리로 가세요.

Váyase a su asiento, por favor.
[바야쎄 아 쑤 아씨엔또, 뽀르 파보르.]

PART 06
호텔에서

호텔에서

많은 단어를 알 필요 없다
왜? 말할 게 뻔하니까!

01 **로비**
recepción
[ㄹ레쎕씨온]

02 **예약**
reserva
[ㄹ레쎄르바]

03 **체크인**
registro
[ㄹ레히스뜨로]

04 **침대**
cama
[까마]

05 **전망**
vistas
[비스따스]

06 **조식**
desayuno
[데싸유노]

07 **얼마**
cuánto
[꾸안또]

08 **신용카드**
tarjeta de crédito
[따르헤따 데 끄레디또]

09 **엘리베이터**
ascensor
[아쎈쏘르]

10 **몇 층**
qué piso
[께 삐소]

11 **방 키**
llave de la habitación
[야베 데 라 아비따씨온]

12	짐	**equipaje** [에끼빠헤]
13	내 방	**mi habitación** [미 아비따씨온]
14	수건	**toalla** [또아야]
15	칫솔	**cepillo de dientes** [쎄삐요 데 디엔떼스]
16	베개	**almohada** [알모아다]
17	드라이기	**secador** [쎄까도르]
18	욕조	**bañera** [바녜라]
19	물	**agua** [아구아]
20	인터넷	**Internet** [인떼르넷]
21	텔레비전	**televisión** [뗄레비씨온]
22	청소하다	**limpiar** [림삐아르]

호텔

23	모닝콜	**servicio de despertador** [쎄르비씨오 데 데스뻬르따도르]
24	룸서비스	**servicio de habitaciones** [쎄르비씨오 데 아비따씨오네스]
25	세탁 서비스	**servicio de lavandería** [쎄르비씨오 데 라반데리아]
26	개인 금고	**caja fuerte** [까하 푸에르떼]
27	얼음	**hielo** [이엘로]
28	체크아웃	**salida** [쌀리다]
29	계산서	**cuenta** [꾸엔따]
30	추가 요금	**coste adicional** [꼬스떼 아디씨오날]
31	미니바	**minibar** [미니바르]
32	요금	**coste** [꼬스떼]
33	신용카드	**tarjeta de crédito** [따르헤따 데 끄레디또]
34	택시	**taxi** [딱씨]
35	공항	**aeropuerto** [아에로뿌에르또]

빨리찾아 말하면 OK!

01 로비

recepción
[ㄹ레쎕씨온]

· 로비가 어디예요?
¿Dónde está la recepción?
[돈데 에스따 라 ㄹ레쎕시온?]

· 로비를 못 찾겠는데요.
No puedo encontrar la recepción.
[노 뿌에도 엔꼰뜨라르 라 ㄹ레쎕씨온.]

· 로비로 데려가 주세요.
Lléveme a la recepción, por favor.
[예베메 알 라 ㄹ레쎕씨온, 뽀르 파보르.]

02 예약

reserva
[ㄹ레쎄르바]

호텔

· 예약했어요.
Tengo una reserva.
[뗑고 우나 ㄹ레쎄르바.]

· 예약 안 했어요.
No tengo reserva.
[노 뗑고 ㄹ레쎄르바.]

· 이 사이트로 예약했는데요.
Hice una reserva por esta página web.
[이쎄 우나 ㄹ레쎄르바 뽀르 에스따 빠히나 웹.]

· 예약을 제 이름 예씨로 했어요.
Tengo una reseva a nombre de Yessi.
[뗑고 우나 ㄹ레쎄르바 아 놈브레 데 예씨.]

03 체크인 📇

registro
[ㄹ레히스뜨로]

· 체크인 하려고요.
Voy a registrarme.
[보이 아 ㄹ레히스뜨라르메.]

· 체크인 어디서 해요?
¿Dónde hago el registro?
[돈데 아고 엘 ㄹ레히스뜨로?]

· 체크인 몇 시에 하나요?
¿A qué hora es el registro?
[아 께 오라 에스 엘 ㄹ레히스뜨로?]

· 체크인 하기 전에 짐 맡아 주세요.
Guarde mi equipaje hasta el registro, por favor.
[구아르데 미 에끼빠헤 아스따 엘 ㄹ레히스뜨로, 뽀르 파보르.]

TIP 체크인을 check-in [체크 인] 이라고 하셔도 알아듣습니다.

04 침대 🛏️

cama
[까마]

· 싱글 침대로 주세요.
Una cama individual, por favor.
[우나 까마 인디비두알, 뽀르 파보르.]

· 더블 침대로 주세요.
Una cama de matrimonio, por favor.
[우나 까마 데 마뜨리모니오, 뽀르 파보르.]

· 트윈 침대로 주세요.
Unas camas gemelas, por favor.
[우나스 까마스 헤멜라스, 뽀르 파보르.]

· 트윈 침대를 하나로 붙여 줘요.
Deme unas camas gemelas.
Y si es posible, las quiero pegadas.
[데메 우나스 까마스 헤멜라스.
이 씨 에스 뽀시블레, 라스 끼에로 뻬가다스.]

· 제일 큰 침대 주세요.

Deme la cama más grande, por favor.
[데메 라 까마 마스 그란데, 뽀르 파보르.]

· 제일 큰 침대 있는 방은 얼마예요?

¿Cuánto cuesta una habitación con la cama más grande?
[꾸안또 꾸에스따 우나 아비따씨온 꼰 라 까마 마스 그란데?]

05 전망 🏞

vistas
[비스따스]

· 바다 전망으로 줘요.

Quiero una habitación con vistas al mar.
[끼에로 우나 아비따씨온 꼰 비스따스 알 마르.]

· 도심 전망으로 줘요.

Quiero una habitación con vistas a la ciudad.
[끼에로 우나 아비따씨온 꼰 비스따스 알 라 씨우닷.]

· 전망 좋은 데로 줘요.

Quiero una habitación con buenas vistas.
[끼에로 우나 아비따씨온 꼰 부에나스 비스따스.]

· 전망이 별로예요.

Las vistas no son suficientemente buenas.
[라스 비스따스 노 쏜 쑤피씨엔떼멘떼 부에나스.]

06 조식 🍴

desayuno
[데싸유노]

· 조식은 어디서 먹어요?

¿Dónde se desayuna?
[돈데 쎄 데싸유나?]

· 조식은 몇 시예요?

¿A qué hora es el desayuno?
[아 께 오라 에스 엘 데싸유노?]

· 조식으로 뭐가 있죠?

¿Qué hay de desayuno?
[께 아이 데 데싸유노?]

호텔

· 조식 몇 시까지예요?　　　　　¿A qué hora termina el desayuno?
[아 께 **오**라 떼르**미**나 엘 데싸유노?]

· 조식 포함하면 얼마예요?　　　¿Cuánto cuesta incluyendo el desayuno?
[꾸안또 꾸에스따 인끌루옌도 엘 데싸유노?]

07 얼마 💰?
cuánto
[꾸안또]

· 1박에 얼마예요?　　　　　　　¿Cuánto cuesta una noche?
[꾸안또 꾸에스따 **우**나 **노**체?]

· 2박에 얼마예요?　　　　　　　¿Cuánto cuestan dos noches?
[꾸안또 꾸에스딴 도스 **노**체스?]

· 할인 받을 수 있어요?　　　　　¿Hay descuento?
[**아**이 데스꾸엔또?]

· 조식 포함하면 얼마예요?　　　¿Cuánto cuesta incluyendo el desayuno?
[꾸안또 꾸에스따 인끌루옌도 엘 데싸유노?]

· 방 업그레이드 하면 얼마
예요?
¿Cuánto cuesta mejorar de
habitación?
[꾸안또 꾸에스따 메호라르 데 아비따씨**온**?]

08 신용카드 💳
tarjeta de crédito
[따르**헤**따 데 끄**레**디또]

· 신용카드 되나요?　　　　　　¿Acepta tarjetas de crédito?
[아**쎕**따 따르**헤**따스 데 끄**레**디또?]

· 여행자 수표 되나요?　　　　　¿Acepta cheques de viaje?
[아**쎕**따 **체**께스 데 비아**헤**?]

· 현금으로 할게요.　　　　　　Pagaré en efectivo.
[빠가레 엔 에펙**띠**뽀.]

· 할인 없나요?　　　　　　　¿No hay descuento?
　　　　　　　　　　　　　　[노 아이 데스꾸엔또?]

09 엘리베이터 🗑　　　　ascensor
　　　　　　　　　　　　　　[아쎈쏘르]

· 엘리베이터 어디 있어요?　　¿Dónde está el ascensor?
　　　　　　　　　　　　　　[돈데 에스따 엘 아쎈쏘르?]

· 엘리베이터가 안 열려요.　　No se abre el ascensor.
　　　　　　　　　　　　　　[노 쎄 아브레 엘 아쎈쏘르.]

· 1층 버튼이 어떤 거죠?　　¿Cuál es el botón para ir a la recepción?
　　　　　　　　　　　　　　[꾸알 에스 엘 보똔 빠라 이르 알 라 ㄹ레쎕씨온?]

· 로비 가려고요.　　　　　Quiero ir a la recepción.
　　　　　　　　　　　　　　[끼에로 이르 알 라 ㄹ레쎕씨온.]

TIP 엘리베이터를 스페인과 많은 남미 국가들에서는) ascensor [아쎈쏘르]
　　　　멕시코를 포함한 중미 국가들에서는) elevador [엘레바도르]

호텔

10 몇 층 ?　　　　qué piso
　　　　　　　　　　　　　　[께 삐쏘]

· 제 방 몇 층이에요?　　　¿En qué piso está mi habitación?
　　　　　　　　　　　　　　[엔 께 삐쏘 에스따 미 아비따씨온?]

· 얼음 몇 층에 있어요?　　¿En qué piso está el hielo?
　　　　　　　　　　　　　　[엔 께 삐쏘 에스따 엘 이엘로?]

· 자판기 몇 층에 있어요?　　¿En qué piso hay una máquina expendedora?
　　　　　　　　　　　　　　[엔 께 삐쏘 아이 우나 마끼나 엑스뻰데도라?]

· 수영장 몇 층에 있어요?　　¿En qué piso está la piscina?
　　　　　　　　　　　　　　[엔 께 삐쏘 에스따 라 삐씨나?]

· 운동하는 데 몇 층에 있어요?　**¿En qué piso está el gimnasio?**
[엔 께 삐쏘 에스따 엘 힘나씨오?]

· 스파 몇 층에 있어요?　**¿En qué piso está el spa?**
[엔 께 삐쏘 에스따 엘 에스빠?]

· 1층에 있어요.(1er piso)　**Está en el piso bajo.**
[에스따 엔 엘 삐소 바호.]

· 2층에 있어요.(2do piso)　**Está en el primer piso.**
[에스따 엔 엘 쁘리메르 삐소.]

· 3층에 있어요.(3er piso)　**Está en el segundo piso.**
[에스따 엔 엘 쎄군도 삐소.]

· 4층에 있어요.(4to piso)　**Está en el tercer piso.**
[에스따 엔 엘 떼르쎄르 삐소.]

TIP piso[삐소] 대신 planta [쁠란따]를 사용할 수 있습니다.
예) 1층 la planta baja [라 쁠란따 **바하**], 2층 la primera planta [라 쁘리**메**라 쁠란따],
3층 la segunda planta [라 쎄**군**다 쁠란따], 4층 la tercera planta [라 떼르**쎄**라 쁠란따]

11 방 키 🔑

llave de la habitación
[야베 데 라 아비따씨온]

· 방 키 하나 더 주세요.　**¿Me puede dar una llave más, por favor?**
[메 뿌에데 다르 우나 야베 마스, 뽀르 파보르?]

· 방 키 없어졌어요.　**No encuentro la llave de mi habitación.**
[노 엔꾸엔뜨로 라 야베 데 미 아비따씨온.]

· 방 키가 안돼요.　**Esta llave no sirve.**
[에스따 야베 노 씨르베.]

· 방 키 어떻게 꽂아요?　**¿Cómo meto la llave?**
[꼬모 메또 라 야베?]

12 짐 🧳

equipaje
[에끼빠헤]

· 짐 맡길 수 있어요?
¿Puede guardar mi equipaje, por favor?
[뿌에데 구아르다르 미 에끼빠헤, 뽀르 파보르?]

· 짐 올려 주실 수 있어요?
¿Puede subir mi equipaje, por favor?
[뿌에데 수비르 미 에끼빠헤, 뽀르 파보르?]

· 이거 제 짐이 아니에요.
Este no es mi equipaje.
[에스떼 노 에스 미 에끼빠헤.]

· 제 짐이 없어졌어요.
Ha desaparecido mi equipaje.
[아 데싸빠레씨도 미 에끼빠헤.]

· 제 짐 찾아주세요.
Busque mi equipaje, por favor.
[부스께 미 에끼빠헤, 뽀르 파보르.]

· 체크인 하기 전에 짐 맡아 주세요.
Guarde mi equipaje hasta el registro, por favor.
[구아르데 미 에끼빠헤 아스따 엘 르레히스뜨로, 뽀르 파보르.]

호텔

13 내 방 🚪

mi habitación
[미 아비따씨온]

· 내 방이 어디죠?
¿Dónde está mi habitación?
[돈데 에스따 미 아비따씨온?]

· 내 방을 못 찾겠어요.
No encuentro mi habitación.
[노 엔꾸엔뜨로 미 아비따씨온.]

· 내 방이 너무 어두워요.
Mi habitación es demasiado oscura.
[미 아비따씨온 에스 데마씨아도 오스꾸라.]

· 내 방이 너무 밝아요.
Mi habitación es demasiado luminosa.
[미 아비따씨온 에스 데마씨아도 루미노싸.]

· 내 방이 너무 더워요. | Hace mucho calor en mi habitación.
[아쎄 무초 깔로르 엔 미 아비따씨온.]

· 내 방이 너무 추워요. | Hace mucho frío en mi habitación.
[아쎄 무초 프리오 엔 미 아비따씨온.]

· 내 방에서 이상한 냄새나요. | Huele raro en mi habitación.
[우엘레 ㄹ라로 엔 미 아비따씨온.]

14 수건

toalla
[또아야]

· 수건 더 주세요. | Tráigame más toallas, por favor.
[뜨라이가메 마스 또아야스, 뽀르 파보르.]

· 수건 없어요. | No tengo toallas.
[노 뗑고 또아야스.]

· 수건 더러워요. | Mis toallas están sucias.
[미스 또아야스 에스딴 쑤씨아스.]

· 수건 깨끗한 걸로 주세요. | Tráigame toallas limpias, por favor.
[뜨라이가메 또아야스 림삐아스, 뽀르 파보르.]

· 큰 수건으로 주세요. | Tráigame toallas más grandes, por favor.
[뜨라이가메 또아야스 마스 그란데스, 뽀르 파보르.]

15 칫솔

cepillo de dientes
[쎄삐요 데 디엔떼스]

· 칫솔 없어요. | No tengo cepillo de dientes.
[노 뗑고 쎄삐요 데 디엔떼스.]

· 칫솔 주세요. | Deme un cepillo de dientes, por favor.
[데메 운 쎄삐요 데 디엔떼스, 뽀르 파보르.]

· 칫솔 하나 더 주세요.

Deme un cepillo de dientes más, por favor.
[데메 운 쎄삐요 데 디엔떼스 마스, 뽀르 파보르.]

· 치약 주세요.

Deme pasta dental, por favor.
[데메 빠스따 덴딸, 뽀르 파보르.]

· 어린이용 칫솔 주세요.

Deme un cepillo de dientes para niños, por favor.
[데메 운 쎄삐요 데 디엔떼스 빠라 니뇨스, 뽀르 파보르.]

· 어린이용 치약 있어요?

¿Tiene pasta dental para niños?
[띠에네 빠스따 덴딸 빠라 니뇨스?]

· 부드러운 칫솔 없나요?

¿Tiene un cepillo de dientes más suave?
[띠에네 운 쎄삐요 데 디엔떼스 마스 쑤아베?]

· 치실 있어요?

¿Tiene hilo dental?
[띠에네 일로 덴딸?]

호텔

16 베개 ◇

almohada
[알모아다]

· 베개 하나 더 주세요.

Tráigame una almohada más, por favor.
[뜨라이가메 우나 알모아다 마스, 뽀르 파보르.]

· 베개가 너무 딱딱해요.

Mi almohada es demasiado dura.
[미 알모아다 에스 데마씨아도 두라.]

· 베개가 너무 높아요.

Mi almohada es demasiado alta.
[미 알모아다 에스 데마씨아도 알따.]

· 베개가 너무 낮아요.

Mi almohada es demasiado baja.
[미 알모아다 에스 데마씨아도 바하.]

· 베개 큰 거 있어요?

¿Tiene una almohada más grande?
[띠에네 우나 알모아다 마스 그란데?]

17 드라이기

secador
[쎄까도르]

· 드라이기 주세요.
Tráigame un secador, por favor.
[뜨라이가메 운 쎄까도르, 뽀르 파보르.]

· 방에 드라이기가 없어요.
No hay secador en la habitación.
[노 아이 쎄까도르 엔 라 아비따씨온.]

· 드라이기 고장났어요.
El secador está roto.
[엘 쎄까도르 에스따 ㄹ로또.]

· 드라이기 잘 안돼요.
No funciona bien el secador.
[노 푼씨오나 비엔 엘 쎄까도르.]

18 욕조

bañera
[바녜라]

· 욕조가 더러워요.
Está sucia la bañera.
[에스따 쑤씨아 라 바녜라.]

· 욕조 닦아주세요.
Limpie mi bañera, por favor.
[림삐에 미 바녜라, 뽀르 파보르.]

· 욕조의 물이 안 빠져요.
No baja el agua de la bañera.
[노 바하 엘 아구아 데 라 바녜라.]

19 물

agua
[아구아]

· 물이 안 나와요.
No sale agua.
[노 쌀레 아구아.]

· 물이 너무 뜨거워요.
El agua está demasiado caliente.
[엘 아구아 에스따 데마씨아도 깔리엔떼.]

· 물이 너무 차가워요.

El agua está demasiado fría.
[엘 아구아 에스따 데마씨아도 프리아.]

· 물 온도 조절이 안돼요.

No puedo ajustar la temperatura del agua.
[노 뿌에도 아후스따르 라 뗌뻬라뚜라 델 아구아.]

· 샤워기에서 물이 안 나와요.

No sale agua de la ducha.
[노 쌀레 아구아 데 라 두차.]

· 변기 물이 안 내려가요.

No baja el agua del inodoro.
[노 바하 엘 아구아 델 이노도로.]

20 인터넷 📶

Internet
[인떼르넷]

· 인터넷 안돼요.

No funciona Internet.
[노 푼씨오나 인떼르넷.]

· 인터넷 할 수 있는 데 어디 예요?

¿Dónde puedo usar Internet?
[돈데 뿌에도 우싸르 인떼르넷?]

· 랜선이 없어요.

No hay cable de LAN.
[노 아이 까블레 데 란.]

· 와이파이가 안 터져요.

No funciona el Wi-Fi.
[노 푼씨오나 엘 위피.]

· 와이파이 터지는 데 어디 예요?

¿Dónde hay Wi-Fi?
[돈데 아이 위피?]

· 컴퓨터 쓸 수 있는 데 어디 예요?

¿Dónde puedo usar un ordenador?
[돈데 뿌에도 우싸르 운 오르데나도르?]

TIP 간혹 와이파이를 "무선 인터넷 Internet Inalámbrico [인떼르넷 인알람브리꼬]" 라고
표기해놓은 곳도 있어요.

호텔

21 텔레비전

televisión
[뗄레비씨온]

· 텔레비전이 안 나와요.
No funciona la televisión.
[노 푼씨오나 라 뗄레비씨온.]

· 케이블이 안 나와요.
No salen los canales de cable.
[노 쌀렌 로스 까날레스 데 **까**블레.]

· 리모컨이 안돼요.
No funciona el mando.
[노 푼씨오나 엘 **만**도.]

· 음량 조절 어떻게 해요?
¿Cómo controlo el volumen?
[**꼬**모 꼰뜨롤로 엘 볼루멘?]

· 채널 조절이 안돼요.
No puedo cambiar de canal.
[노 뿌에도 깜비아르 데 까날.]

22 청소하다

limpiar
[림삐아르]

· 청소해 주세요.
Limpie mi habitación, por favor.
[림삐에 미 아비따씨온, 뽀르 파보르.]

· 청소가 안 되어 있어요.
No han limpiado mi habitación.
[노 안 림삐**아**도 미 아비따씨온.]

· 청소 안 해주셔도 됩니다.
No tiene que limpiar mi habitación.
[노 띠에네 께 림삐아르 미 아비따씨온.]

· 오후에 청소해주세요.
Limpie mi habitación esta tarde, por favor.
[림삐에 미 아비따씨온 에스따 **따**르데, 뽀르 파보르.]

· 화장실 청소가 안 되어
있어요.

No han limpiado el baño.
[노 안 림삐아도 엘 바뇨.]

· 쓰레기통이 안 비워져
있어요.

La papelera no está vacía.
[라 빠뻴레라 노 에스따 바씨아.]

23 모닝콜

servicio de despertador
[쎄르비씨오 데 데스뻬르따도르]

· 모닝콜 해주세요.

Quiero el servicio de despertador.
[끼에로 엘 쎄르비씨오 데 데스뻬르따도르.]

· 7시에 해주세요.

A las 7, por favor.
[아 라스 씨에떼, 뽀르 파보르.]

· 모닝콜 취소할게요.

**Voy a cancelar el servicio de desper-
tador.**
[보이 아 깐쎌라르 엘 쎄르비씨오 데 데스뻬르
따도르.]

· 모닝콜 연달아 두 번 해주
세요.

**Llámeme dos veces seguidas para
despertarme, por favor.**
[야메메 도스 베쎄스 쎄기다스 빠라
데스뻬르따르메, 뽀르 파보르.]

24 룸서비스

servicio de habitaciones
[쎄르비씨오 데 아비따씨오네스]

· 룸서비스 시킬게요.

Quiero pedir el servicio de habitaciones.
[끼에로 뻬디르 엘 쎄르비씨오 데 아비따씨오네스]

· 룸서비스 메뉴 보고싶어요.

**Quiero ver el menú del servicio de
habitaciones.**
[끼에로 베르 엘 메누 델 쎄르비씨오 데 아비따
씨오네스.]

호텔

· 룸서비스로 아침 갖다
주세요.

Tráigame el desayuno a la habitación.
[뜨라이가메 엘 데싸유노 알 라 아비따씨온.]

· 룸서비스로 와인 갖다
주세요.

Quiero que me traiga una botella de vino a la habitación.
[끼에로 께 메 뜨라이가 우나 보떼야 데 비노 알 라 아비따씨온.]

25 세탁 서비스 servicio de lavandería
[쎄르비씨오 데 라반데리아]

· 세탁 서비스 신청할게요.

Quiero el servicio de lavandería.
[끼에로 엘 쎄르비씨오 데 라반데리아.]

· 세탁 서비스 언제 와요?

¿Cuándo viene el servicio de lavandería?
[꾸안도 비에네 엘 쎄르비씨오 데 라반데리아?]

· 세탁물이 망가졌어요.

Me han estropeado la ropa.
[메 안 에스뜨로뻬아도 라 ㄹ로빠.]

26 개인 금고 caja fuerte
[까하 푸에르떼]

· 개인 금고 어떻게 써요?

¿Cómo se usa la caja fuerte?
[꼬모 쎄 우싸 라 까하 푸에르떼?]

· 개인 금고 안 열려요.

No se abre la caja fuerte.
[노 쎄 아브레 라 까하 푸에르떼.]

· 개인 금고에 뭐가 있어요.

Hay algo en la caja fuerte.
[아이 알고 엔 라 까하 푸에르떼.]

27 얼음

hielo
[이엘로]

· 얼음이 없어요.
No hay hielo.
[노 아이 이엘로.]

· 얼음 어디서 가져와요?
¿Dónde puedo conseguir hielo?
[돈데 뿌에도 꼰쎄기르 이엘로?]

· 얼음 좀 갖다주세요.
Tráigame un poco de hielo, por favor.
[뜨라이가메 운 뽀꼬 데 이엘로, 뽀르 파보르.]

28 체크아웃

salida
[쌀리다]

· 체크아웃 할게요.
Voy a hacer la salida.
[보이 아 아쎄르 라 쌀리다.]

· 체크아웃 몇 시예요?
¿A qué hora es la salida?
[아 께 오라 에스 라 쌀리다?]

· 하루 더 연장할게요.
Quiero extender un día más mi estancia.
[끼에로 엑스뗀데르 운 디아 마스 미 에스딴씨아.]

· 체크아웃 좀 있다 할게요.
Quiero hacer la salida más tarde.
[끼에로 아쎄르 라 쌀리다 마스 따르데.]

TIP 체크아웃을 check-out [체크 아웃] 이라고 하셔도 알아듣습니다.

29 계산서

cuenta
[꾸엔따]

· 계산서 보여주세요.
Muéstreme la cuenta, por favor.
[무에스뜨레메 라 꾸엔따, 뽀르 파보르.]

호텔

· 계산서 틀렸어요.

La cuenta está mal.
[라 꾸엔따 에스따 말.]

· 자세한 계산서 보여주세요.

Quiero una cuenta detallada.
[끼에로 우나 꾸엔따 데따야다.]

30 추가 요금 ✚

coste adicional
[꼬스떼 아디씨오날]

· 추가 요금이 붙었는데요.

Hay un coste adicional.
[아이 운 꼬스떼 아디씨오날.]

· 어떤 게 추가된 거예요?

¿Cuál es el coste adicional?
[꾸알 에스 엘 꼬스떼 아디씨오날?]

· 이 추가 요금 설명해주세요.

Explíqueme sobre este coste adicional, por favor.
[엑스쁠리께메 쏘브레 에스떼 꼬스떼 아디씨오날, 뽀르 파보르.]

31 미니바 🗄

minibar
[미니바르]

· 미니바 이용 안 했는데요.

No he usado el minibar.
[노 에 우싸도 엘 미니바르.]

· 미니바에서 물만 마셨어요.

Solamente he tomado una botella de agua del minibar.
[쏠라멘떼 에 또마도 우나 보떼야 데 아구아 델 미니바르.]

· 미니바에서 맥주만 마셨어요.

Solamente he tomado una cerveza del minibar.
[쏠라멘떼 에 또마도 우나 쎄르베싸 델 미니바르.]

· 미니바 요금이 잘못됐어요.

El recibo del minibar es incorrecto.
[엘 ㄹ레씨보 델 미니바르 에스 인꼬ㄹ렉또.]

32 요금

coste
[꼬스떼]

· 이 요금은 뭐죠?	**¿Qué es este coste?** [께 에스 에스떼 꼬스떼?]
· 요금이 더 나온 거 같은데요.	**Creo que me han cobrado más de lo que se debe.** [끄레오 께 메 안 꼬브라도 마스 데 로 께 쎄 데베.]
· 요금 합계가 틀렸어요.	**El total está mal.** [엘 또딸 에스따 말.]

33 신용카드

tarjeta de crédito
[따르헤따 데 끄레디또]

호텔

· 신용카드 되나요?	**¿Acepta tarjetas de crédito?** [아쎕따 따르헤따스 데 끄레디또?]
· 신용카드 안 긁혀요.	**Su tarjeta de crédito no sirve.** [쑤 따르헤따 데 끄레디또 노 씨르베.]
· 다른 신용카드 없어요.	**No tengo otra tarjeta de crédito.** [노 뗑고 오뜨라 따르헤따 데 끄레디또.]
· 한번 더 긁어봐 주세요.	**Por favor, inténtelo de nuevo.** [뽀르 파보르, 인뗀뗄로 데 누에보.]
· 여행자 수표 받아요?	**¿Acepta cheques de viaje?** [아쎕따 체께스 데 비아헤?]
· 현금 없어요.	**No tengo efectivo.** [노 뗑고 에펙띠보.]
· 현금으로 할게요.	**Voy a pagar en efectivo.** [보이 아 빠가르 엔 에펙띠보.]

34 택시

taxi
[딱씨]

· 택시 좀 불러주세요.

Llame un taxi, por favor.
[야메 운 딱씨, 뽀르 파보르.]

· 택시 비싼가요?

¿Es caro tomar un taxi?
[에스 까로 또마르 운 딱씨?]

· 택시로 어디 가시게요?

¿A dónde va a ir en taxi?
[아 돈데 바 아 이르 엔 딱씨?]

35 공항

aeropuerto
[아에로뿌에르또]

· 공항 갈 거예요.

Voy al aeropuerto.
[보이 알 아에로뿌에르또.]

· 공항 가려면 뭐 타요?

¿Cómo puedo ir al aeropuerto?
[꼬모 뿌에도 이르 알 아에로뿌에르또?]

· 공항 가는 버스 있어요?

¿Hay algún autobús que vaya al aeropuerto?
[아이 알군 아우또부스 께 바야 알 아에로뿌에르또?]

말만하니? 난 듣기도돼!

🎧 **듣고 따라해 보세요.**
질문을 했을 때 상대방이 할 수 있는 대답을 미리 예상해보고 발음을 들어보세요.

¿Hay habitaciones libres?
[**아**이 아비따씨**오**네스 **리**브레스?]

빈방 있나요?

① **¿Ha hecho su reserva?**
[아 **에**초 쑤 ㄹ레**쎄**르바?]

예약하셨나요?

② **Sí, tenemos habitaciones libres.**
[**씨**, 떼네모스 아비따씨**오**네스 **리**브레스.]

네. 빈방 있습니다.

③ **Espere un momento, por favor.**
[에스**뻬**레 운 모**멘**또, 뽀르 파**보**르.]

잠시만 기다려 주세요.

④ **No tenemos habitaciones libres.**
[노 떼**네**모스 아비따씨**오**네스 **리**브레스.]

방이 없습니다.

⑤ **Solo tenemos habitaciones individuales.**
[**쏠**로 떼**네**모스 아비따씨**오**네스 인디비두**알**레스.]

1인실밖에 없습니다.

⑥ **Solo tenemos Suites.**
[**쏠**로 떼**네**모스 쑤**잇**츠.]

스위트룸밖에 없습니다.

호텔

위급상황

필요한 단어

01	고장이에요	**no funciona** [노 푼씨오나]
02	안 열려요	**no se abre** [노 쎄 아브레]
03	갇힌	**encerrado** [엔쎄ㄹ라도]
04	잃어버렸어요	**he perdido** [에 뻬르디도]
05	안 와요	**no viene** [노 비에네]
06	안 나와요	**no sale** [노 쌀레]
07	도둑맞은	**robado** [ㄹ로바도]
08	아픈	**enfermo** [엔페르모]
09	응급차	**ambulancia** [암불란씨아]

빨리찾아 말하면 OK!

· 드라이기가 고장이에요.
No funciona el secador.
[노 푼씨오나 엘 쎄까도르.]

· 텔레비전이 고장이에요.
No funciona la televisión.
[노 푼씨오나 라 뗄레비씨온.]

· 컴퓨터가 고장이에요.
No funciona el ordenador.
[노 푼씨오나 엘 오르데나도르.]

· 전화기가 고장이에요.
No funciona el teléfono.
[노 푼씨오나 엘 뗄레포노.]

· 샤워기가 고장이에요.
No funciona la manguera de la ducha.
[노 푼씨오나 라 망게라 데 라 두차.]

· 비데가 고장이에요.
No funciona el bidé.
[노 푼씨오나 엘 비데.]

· 문이 안 열려요.
No se abre la puerta.
[노 쎄 아브레 라 뿌에르따.]

· 화장실 문이 안 열려요.
No se abre la puerta del baño.
[노 쎄 아브레 라 뿌에르따 델 바뇨.]

· 금고가 안 열려요.
No se abre la caja fuerte.
[노 쎄 아브레 라 까하 푸에르떼.]

· 커튼이 안 열려요.
No se abren las cortinas.
[노 쎄 아브렌 라스 꼬르띠나스.]

· 방에 갇혔어요.
Estoy encerrado/a en mi habitación.
[에스또이 엔쎄ㄹ라도/다 엔 미 아비따씨온.]

· 엘리베이터에 갇혔어요.
Estoy encerrado/a en el ascensor.
[에스또이 엔쎄ㄹ라도/다 엔 엘 아쎈쏘르.]

호텔

· 화장실에 갇혔어요.

Estoy encerrado/a en el baño.
[에스또이 엔쎄ㄹ라도/다 엔 엘 바뇨.]

· 방 키를 잃어버렸어요.

He perdido la llave de mi habitación.
[에 뻬르디도 라 야베 데 미 아비따씨온.]

· 쿠폰을 잃어버렸어요.

He perdido mi cupón.
[에 뻬르디도 미 꾸뽄.]

· 여권을 잃어버렸어요.

He perdido mi pasaporte.
[에 뻬르디도 미 빠싸뽀르떼.]

· 휴대폰을 잃어버렸어요.

He perdido mi teléfono móvil.
[에 뻬르디도 미 뗄레포노 모빌.]

· 노트북을 잃어버렸어요.

He perdido mi ordenador portátil.
[에 뻬르디도 미 오르데나도르 뽀르따띨.]

· 신발을 잃어버렸어요.

He perdido mis zapatos.
[에 뻬르디도 미스 싸빠또스.]

· 귀중품을 잃어버렸어요.

He perdido mis objetos de valor.
[에 뻬르디도 미스 옵헤또스 데 발로르.]

· 엘리베이터가 안 와요.

No viene el ascensor.
[노 비에네 엘 아쎈쏘르.]

· 식사가 안 나와요.

No viene la comida.
[노 비에네 라 꼬미다.]

· 룸서비스가 안 와요.

No viene el servicio de habitaciones.
[노 비에네 엘 쎄르비씨오 데 아비따씨오네스.]

· 세탁 서비스가 안 와요.

No viene el servicio de lavandería.
[노 비에네 엘 쎄르비씨오 데 라반데리아.]

· 물이 안 나와요.

No sale agua.
[노 쌀레 아구아.]

· 케이블이 안 나와요.

No salen los canales de cable.
[노 쌀렌 로스 까날레스 데 까블레.]

· 제 방 도둑맞았어요.   **Han robado en mi habitación.**
[안 ㄹ로바도 엔 미 아비따씨온.]

· 제 캐리어 도둑맞았어요.   **Han robado mi maleta.**
[안 ㄹ로바도 미 말레따.]

· 제 짐 도둑맞았어요.   **Han robado mi equipaje.**
[안 ㄹ로바도 미 에끼빠헤.]

· 제 금고 도둑맞았어요.   **Han robado en mi caja fuerte.**
[안 ㄹ로바도 엔 미 까하 푸에르떼.]

· 속이 안 좋아요.   **Me siento enfermo/a.**
[메 씨엔또 엔페르모/마.]

· 배가 아파요.   **Tengo dolor de estómago.**
[뗑고 돌로르 데 에스또마고.]

· 머리가 아파요.   **Tengo dolor de cabeza.**
[뗑고 돌로르 데 까베싸.]

· 팔이 부러졌어요.   **Me he roto el brazo.**
[메 에 ㄹ로또 엘 브라쏘.]

· 다리가 부러졌어요.   **Me he roto la pierna.**
[메 에 ㄹ로또 라 삐에르나.]

· 응급차 불러주세요.   **Llame una ambulancia, por favor.**
[야메 우나 암불란씨아, 뽀르 파보르.]

호텔

⚠ 참지 마세요! 할 말은 합시다!
¡No aguante!

뜨거운 물이 안 나와요.
No sale agua caliente.
[노 쌀레 **아**구아 깔리엔떼.]

에어컨이 작동을 안 해요.
No funciona el aire acondicionado.
[노 푼씨**오**나 엘 **아**이레 아꼰디씨오나도.]

수건 좀 더 갖다주시겠어요?
¿Me puede traer más toallas, por favor?
[메 뿌에데 뜨라에르 **마**스 또아야스, 뽀르 파보르?]

화장실에 휴지가 떨어졌어요.
Ya no hay más papel en el baño.
[야 **노** 아이 **마**스 빠**뻴** 엔 엘 **바**뇨.]

PART 07

식당에서

식당에서

많은 단어를 알 필요 없다
왜? 말할 게 뻔하니까!

01 2명이요
dos personas
[도스 뻬르쏘나스]

02 예약
reserva
[ㄹ레쎄르바]

03 테이블
mesa
[메싸]

04 웨이터
camarero/a (señorita)
[까마레로/라 (쎄뇨리따)]

05 주문하다
pedir
[뻬디르]

06 메뉴
menú
[메누]

07 추천
recomendación
[ㄹ레꼬멘다씨온]

08 애피타이저
aperitivo
[아뻬리띠보]

09 수프
sopa
[쏘빠]

10 샐러드
ensalada
[엔쌀라다]

11 스테이크
filete
[필레떼]

12	해산물	**marisco** [마리스꼬]
13	닭	**pollo** [**뽀**요]
14	음료	**bebida** [베**비**다]
15	소스	**salsa** [**쌀**싸]
16	포크	**tenedor** [떼네**도**르]
17	나이프	**cuchillo** [꾸**치**요]
18	디저트	**postre** [**뽀**스뜨레]
19	휴지	**papel higiénico** [빠**뻴** 이히**에**니꼬]
20	계산서	**cuenta** [꾸**엔**따]
21	신용카드	**tarjeta de crédito** [따르**헤**따 데 끄**레**디또]
22	팁	**propina** [쁘로**삐**나]

식당

23	햄버거	**hamburguesa** [암부르게싸]
24	감자튀김	**patatas fritas** [빠따따스 프리따스]
25	샐러드	**ensalada** [엔쌀라다]
26	세트	**menú** [메누]
27	단품	**solo** [쏠로]
28	콜라/펩시	**Coca-Cola/Pepsi** [꼬까 꼴라/뻽씨]
29	여기서 먹을 거예요	**para tomar aquí** [빠라 또마르 아끼]
30	포장이요	**para llevar** [빠라 예바르]
31	소스	**salsa** [쌀싸]
32	음료	**bebida** [베비다]
33	얼음	**hielo** [이엘로]
34	빨대	**pajilla** [빠히야]
35	냅킨	**servilleta** [쎄르비예따]

36	뜨거운	**caliente** [깔리엔떼]
37	아이스	**con hielo** [꼰 이엘로]
38	우유	**leche** [레체]
39	시럽	**sirope** [씨로뻬]
40	휘핑크림	**crema batida** [끄레마 바띠다]
41	사이즈	**tamaño** [따마뇨]
42	추가하다	**agregar** [아그레가르]
43	케이크	**pastel** [빠스뗄]
44	샌드위치	**sándwich** [싼드위치]
45	베이글	**bagel** [바헬/베이글]
46	와이파이	**Wi-Fi** [위피]
47	화장실	**baño** [바뇨]

식당

빨리찾아 읽으세요

01 2명이요 👫

dos personas
[도스 뻬르쏘나스]

· 2명이요.

Una mesa para dos personas.
[우나 메싸 빠라 도스 뻬르쏘나스.]

· 혼자예요.

Solo yo.
[쏠로 요.]

02 예약 🐍

reserva
[ㄹ레쎄르바]

· 예약했어요.

Tengo una reserva.
[뗑고 우나 ㄹ레쎄르바.]

· 예약 안 했어요.

No tengo reserva.
[노 뗑고 ㄹ레쎄르바.]

· 2명으로 예약했어요.

Tengo una reserva para dos personas.
[뗑고 우나 ㄹ레쎄르바 빠라 도스 뻬르쏘나스.]

· 제 이름 Yessi 로 예약
했어요.

Tengo una reserva a nombre de Yessi.
[뗑고 우나 ㄹ레쎄르바 아 놈브레 데 예씨.]

03 테이블 ☕

mesa
[메싸]

· 테이블이 너무 더러워요.
Esta mesa está muy sucia.
[에스따 메싸 에스따 무이 쑤씨아.]

· 테이블 닦아줘요.
Limpie la mesa, por favor.
[림삐에 라 메싸, 뽀르 파보르.]

· 테이블 흔들거려요.
Esta mesa está coja
[에스따 메싸 에스따 꼬하.]

· 테이블 너무 좁아요.
Esta mesa es muy pequeña.
[에스따 메싸 에스 무이 뻬께냐.]

· 다른 자리로 주세요.
Deme otra mesa, por favor.
[데메 오뜨라 메싸, 뽀르 파보르.]

· 창가 자리로 주세요.
Deme una mesa cerca de la ventana, por favor.
[데메 우나 메싸 세르까 데 라 벤따나, 뽀르 파 보르.]

04 웨이터 👨

camarero/a (señorita)
[까마레로/라 (쎄뇨리따)]

· 여기요!
¡Camarero! / ¡Camarera!
남자일 때[까마레로!] / 여자일 때[까마레라!]

· 제 웨이터를 불러줘요.
Llame a mi camarero/a, por favor.
[야메 아 미 까마레로/라, 뽀르 파보르.]

· 매니저를 불러줘요.
Llame al gerente, por favor.
[야메 알 헤렌떼, 뽀르 파보르.]

식당

· 매니저랑 얘기할래요. **Quiero hablar con el gerente.**
[끼에로 아블라르 꼰 엘 헤렌떼.]

TIP 웨이터를 **스페인에서는)** camarero [까마레로], camarera [까마레라]
멕시코, 과테말라를 포함한 대부분의 중미 지역에서는) mesero [메쎄로],
mesera [메쎄라]
아르헨티나, 페루, 칠레를 포함한 대부분의 남미 지역은) mozo [모쏘], moza
[모싸] 라고 부릅니다.

05 주문하다   pedir
[뻬디르]

· 주문하시겠어요? **¿Va a pedir?**
[바 아 뻬디르?]

· 주문할게요. **Quiero pedir.**
[끼에로 뻬디르.]

· 주문할 준비됐어요. **Estoy listo/a para pedir.**
[에스또이 리스또/따 빠라 뻬디르.]

· 주문했는데요. **Ya he pedido.**
[야 에 뻬디도.]

· 제 주문 오래전에 했어요. **Ya he pedido hace mucho tiempo.**
[야 에 뻬디도 아쎄 무초 띠엠뽀.]

06 메뉴 menú
[메누]

· 메뉴 어떤 걸로 하실래요? **¿Qué menú le gustaría comer?**
[께 메누 레 구스따리아 꼬메르?]

· 특별한 메뉴가 있나요? **¿Hay algún menú especial?**
[아이 알군 메누 에스뻬씨알?]

· 오늘의 메뉴는 뭐죠?

¿Cuál es el menú del día?
[꾸알 에스 엘 메뉴 델 디아?]

· 메뉴 잘못 나왔어요.

Me dio el plato equivocado.
[메 디오 엘 쁠라또 에끼보**까도**.]

07 추천 👍

recomendación
[ㄹ레꼬멘다씨**온**]

· 추천해 줄 메뉴라도?

¿Tiene alguna recomendación?
[띠에네 알구나 ㄹ레꼬멘다씨온?]

· 메뉴 추천해주실래요?

¿Me recomienda algún menú?
[메 ㄹ레꼬미엔다 알군 메누?]

· 이 둘 중에 뭘 추천해요?

¿Cuál de estos dos me recomienda?
[꾸알 데 에스또스 도스 메 ㄹ레꼬미엔다?]

· 좋은 와인 하나 추천해주세요.

Recomiéndeme un buen vino, por favor.
[ㄹ레꼬미엔데메 운 부엔 비노, 뽀르 파보르.]

08 애피타이저 🍮

aperitivo
[아뻬리**띠보**]

· 애피타이저는 어떤 걸로 하실래요?

¿Qué aperitivo le gustaría tomar?
[께 아뻬리띠보 레 구스따리아 또마르?]

· 애피타이저가 비싸네요.

El aperitivo es muy caro.
[엘 아뻬리띠보 에스 무이 까로.]

· 애피타이저 추천해 주실래요?

¿Me puede recomendar algún aperitivo?
[메 뿌에데 ㄹ레꼬멘다르 알군 아뻬리띠보?]

식당

· 애피타이저 가벼운 걸로 추천해 주실래요?

¿Me puede recomendar algún aperitivo ligero?
[메 뿌에데 ㄹ레꼬멘다르 알군 아뻬리띠보 리헤로?]

09 수프 🍲

sopa
[쏘빠]

· 수프는 어떤 게 있죠?

¿Qué hay de sopa?
[께 아이 데 쏘빠?]

· 오늘의 수프가 있나요?

¿Tiene sopa del día?
[띠에네 쏘빠 델 디아?]

· 수프가 너무 뜨거워요.

Mi sopa está demasiado caliente.
[미 쏘빠 에스따 데마씨아도 깔리엔떼.]

· 수프가 너무 차가워요.

Mi sopa está demasiado fría.
[미 쏘빠 에스따 데마씨아도 프리아.]

· 수프 대신 샐러드 주세요.

Tráigame ensalada en vez de sopa, por favor.
[뜨라이가메 엔쌀라다 엔 베스 데 쏘빠, 뽀르 파보르.]

10 샐러드 🥗

ensalada
[엔쌀라다]

· 샐러드 대신 수프로 주세요.

Deme sopa en vez de ensalada, por favor.
[데메 쏘빠 엔 베스 데 엔쌀라다, 뽀르 파보르.]

· 그냥 기본 샐러드 주세요.

Deme una ensalada básica, por favor.
[데메 우나 엔쌀라다 바씨까, 뽀르 파보르.]

· 샐러드 드레싱은 뭐가 있어요? **¿Qué aderezo tiene para la ensalada?**
[께 아데레쏘 띠에네 빠라 라 엔살라다?]

· 제 샐러드 아직 안 나왔어요. **No ha llegado mi ensalada todavía.**
[노 아 예가도 미 엔쌀라다 또다비아.]

11 스테이크 🍽

filete
[필레떼]

· 스테이크로 할게요. **Quiero un filete.**
[끼에로 운 필레떼.]

· 스테이크 굽기는 어떻게 해드릴까요? **¿Cómo quiere su filete?**
[꼬모 끼에레 쑤 필레떼?]

· 레어로 해주세요. **Casi crudo, por favor.**
[까씨 끄루도, 뽀르 파보르.]

· 미디엄으로 해주세요. **Al punto, por favor.**
[알 뿐또, 뽀르 파보르.]

· 웰던으로 해주세요. **Bien hecho, por favor.**
[비엔 에초, 뽀르 파보르.]

· 이거 너무 익었어요. **Está demasiado hecho.**
[에스따 데마씨아도 에초.]

· 이거 너무 덜 익었어요. **Está poco hecho.**
[에스따 뽀꼬 에초.]

식당

TIP 스테이크를 뜻하는 동의어로는 bife [비페], bistec [비스떽]
레어: **아르헨티나)** muy jugoso [무이 후고쏘]
미디엄: **중남미)** medio [메디오], **아르헨티나)** a punto [아 뿐또]
웰던: **동의어)** muy hecho [무이 에초]

12 해산물

marisco
[마리스꼬]

· 해산물 요리로 할게요.
Voy a comer marisco.
[보이 아 꼬메르 마리스꼬.]

· 해산물 알레르기가 있어요.
Tengo alergia al marisco.
[뗑고 알레르히아 알 마리스꼬.]

· 해산물 어떤 게 좋아요?
¿Qué marisco me recomienda?
[께 마리스꼬 메 ㄹ레꼬미엔다?]

13 닭

pollo
[**뽀**요]

· 닭 요리로 할게요.
Voy a comer pollo.
[보이 아 꼬메르 **뽀**요.]

· 닭 요리로 추천해주세요.
Recomiéndeme algún plato de pollo.
[ㄹ레꼬미엔데메 알군 쁠라또 데 **뽀**요.]

· 닭이 너무 많이 익었어요.
Este pollo está demasiado hecho.
[에스떼 **뽀**요 에스따 데마씨아도 에초.]

· 닭이 덜 익었어요.
Este pollo está poco hecho.
[에스떼 **뽀**요 에스따 뽀꼬 에초.]

14 음료

bebida
[베**비**다]

· 음료는 어떤 게 있어요?
¿Qué hay de beber?
[께 **아**이 데 베베르?]

· 그냥 물 주세요.
Solo agua, por favor.
[쏠로 **아**구아, 뽀르 파보르.]

· 탄산수 주세요.

Agua con gas, por favor.
[아구아 꼰 가스, 뽀르 파보르.]

· 콜라 주세요.

Una Coca-Cola(Pepsi), por favor.
[우나 꼬까 꼴라(뻽씨), 뽀르 파보르.]

· 사이다 주세요.

Un Sprite, por favor.
[운 에스쁘라잇, 뽀르 파보르.]

· 오렌지 주스 주세요.

Un zumo de naranja, por favor.
[운 쑤모 데 나랑하, 뽀르 파보르.]

· 맥주 주세요.

Una cerveza, por favor.
[우나 쎄르베싸, 뽀르 파보르.]

· 와인 한 잔 주세요.

Un vaso de vino, por favor.
[운 바소 데 비노, 뽀르 파보르.]

· 아이스티 주세요.

Un Nestea, por favor.
[운 네스띠, 뽀르 파보르.]

· 얼음 많이 주세요.

Mucho hielo, por favor.
[무초 이엘로, 뽀르 파보르.]

TIP ·스페인어에는 "꼬리 (Cola [꼴라])" 라는 단어가 따로 있기 때문에 콜라를 시키실 때에는
정확한 브랜드명을 이야기 하시는 것이 좋습니다.
·주스를 중남미에서는) jugo [후고]

식당

15 소스 🍽 salsa
[쌀싸]

· 소스는 따로 주세요.

Tráigame la salsa aparte, por favor.
[뜨라이가메 라 쌀싸 아빠르떼, 뽀르 파보르.]

· 소스 많이 주세요.

Mucha salsa, por favor.
[무차 쌀싸, 뽀르 파보르.]

· 소스 더 주세요.

Más salsa, por favor.
[마스 쌀싸, 뽀르 파보르.]

· 다른 소스 있어요?　　　　¿Tiene otra salsa?
　　　　　　　　　　　　[띠에네 오뜨라 쌀싸?]

16 포크

tenedor
[떼네도르]

· 포크 떨어뜨렸어요.　　　**Se me ha caído el tenedor.**
　　　　　　　　　　　　[쎄 메 아 까이도 엘 떼네도르.]

· 포크에 뭐가 묻어있어요.　**Hay algo en mi tenedor.**
　　　　　　　　　　　　[아이 알고 엔 미 떼네도르.]

· 포크 하나 더 주세요.　　**Un tenedor más, por favor.**
　　　　　　　　　　　　[운 떼네도르 마스, 뽀르 파보르.]

· 다른 포크로 주세요.　　**Otro tenedor, por favor.**
　　　　　　　　　　　　[오뜨로 떼네도르, 뽀르 파보르.]

17 나이프

cuchillo
[꾸치요]

· 나이프 떨어뜨렸어요.　　**Se me ha caído el cuchillo.**
　　　　　　　　　　　　[쎄 메 아 까이도 엘 꾸치요.]

· 나이프에 뭐가 묻어있어요.　**Hay algo en mi cuchillo.**
　　　　　　　　　　　　[아이 알고 엔 미 꾸치요.]

· 나이프 하나 더 주세요.　　**Un cuchillo más, por favor.**
　　　　　　　　　　　　[운 꾸치요 마스, 뽀르 파보르.]

· 다른 나이프로 주세요.　　**Otro cuchillo, por favor.**
　　　　　　　　　　　　[오뜨로 꾸치요, 뽀르 파보르.]

18 디저트 🥞

postre
[뽀스뜨레]

· 디저트 뭐 있어요?
¿Qué hay de postre?
[께 아이 데 뽀스뜨레?]

· 이제 디저트 먹을게요.
Voy a comer el postre ahora.
[보이 아 꼬메르 엘 뽀스뜨레 아오라.]

· 달지 않은 디저트 있어요?
¿Tiene algún postre menos dulce?
[띠에네 알군 뽀스뜨레 메노스 둘쎄?]

· 아이스크림 종류는 뭐 있어요?
¿Cuántos sabores de helado tiene?
[꾸안또스 싸보레스 데 엘라도 띠에네?]

· 그냥 디저트는 안 먹을게요.
No voy a comer postre.
[노 보이 아 꼬메르 뽀스뜨레.]

19 휴지 🧻

papel higiénico
[빠뻴 이히에니꼬]

· 화장실에 휴지가 없어요.
No hay papel higiénico en el baño.
[노 아이 빠뻴 이히에니꼬 엔 엘 바뇨.]

· 물티슈 있어요?
¿Tiene toallitas húmedas?
[띠에네 또아이따스 우메다스?]

20 계산서 🧾

cuenta
[꾸엔따]

· 계산할게요.
Ya voy a pagar.
[야 보이 아 빠가르.]

식당

· 계산서 주실래요? **¿Me trae la cuenta, por favor?**
[메 뜨라에 라 꾸엔따, 뽀르 파보르?]

· 계산서가 잘못됐어요. **Está mal la cuenta.**
[에스따 말 라 꾸엔따.]

· 이 메뉴 안 시켰는데요. **No he pedido este plato.**
[노 에 뻬디도 에스떼 쁠라또.]

· 세금 포함한 금액이에요? **¿Está incluido el IVA?**
[에스따 인끌루이도 엘 이바?]

21 신용카드 **tarjeta de crédito**
[따르헤따 데 끄레디또]

· 신용카드 되나요? **¿Acepta tarjetas de crédito?**
[아쎕따 따르헤따스 데 끄레디또?]

· 여행자 수표 되나요? **¿Acepta cheques de viaje?**
[아쎕따 체께스 데 비아헤?]

· 현금으로 할게요. **Voy a pagar en efectivo.**
[보이 아 빠가르 엔 에펙띠보.]

22 팁 **propina**
[쁘로삐나]

· 팁 여기요. **Aquí está la propina.**
[아끼 에스따 라 쁘로삐나.]

· 팁은 포함 안 되어 있습니다. **La propina no está incluida.**
[라 쁘로삐나 노 에스따 인끌루이다.]

· 팁은 테이블 위에 두었어요. **He dejado su propina en la mesa.**
[에 데하도 쑤 쁘로삐나 엔 라 메싸.]

23 햄버거

hamburguesa
[암부르게싸]

· 햄버거만 하나 할게요.
Solo una hamburguesa, por favor.
[쏠로 우나 암부르게싸, 뽀르 파보르.]

· 햄버거로만 두 개요.
Solo dos hamburguesas, por favor.
[쏠로 도스 암부르게싸스, 뽀르 파보르.]

· 햄버거만 얼마예요?
¿Cuánto cuesta solo una hamburguesa?
[꾸안또 꾸에스따 쏠로 우나 암부르게싸?]

24 감자튀김

patatas fritas
[빠따따스 프리따스]

· 감자튀김만 할게요.
Voy a comer solo patatas fritas.
[보이 아 꼬메르 쏠로 빠따따스 프리따스.]

· 감자튀김 큰 걸로요.
Patatas fritas de tamaño grande, por favor.
[빠따따스 프리따스 데 따마뇨 그란데, 뽀르 파보르.]

· 감자튀김만 얼마예요?
¿Cuánto cuestan solo las patatas fritas?
[꾸안또 꾸에스딴 쏠로 라스 빠따따스 프리따스?]

25 샐러드

ensalada
[엔쌀라다]

· 샐러드도 있어요?
¿Tiene ensalada?
[띠에네 엔쌀라다?]

식당

· 샐러드 종류가 어떻게 되나요?

¿Qué tipo de ensalada tiene?
[께 띠뽀 데 엔쌀라다 띠에네?]

· 샐러드 드레싱은 따로 주세요.

El aderezo aparte, por favor.
[엘 아데레쏘 아빠르떼, 뽀르 파보르.]

26 세트 🍟🥤

menú
[메누]

· 5번 세트 주세요.

Quiero el menú número cinco.
[끼에로 엘 메누 누메로 씽꼬.]

· 세트 가격이에요?

¿Es el precio total del menú?
[에스 엘 쁘레씨오 또딸 델 메누?]

TIP 세트를 뜻하는 동의어로는 combo [**꼼보**]

27 단품 🍔🥤

solo
[쏠로]

· 아니요, 단품으로요.

No, solo la comida.
[노, 쏠로 라 꼬미다.]

· 단품 가격이에요?

¿Es el precio de la comida sola?
[에스 엘 쁘레씨오 데 라 꼬미다 쏠라?]

TIP 스페인어에는 '단품'이라는 뜻을 가진 단어가 없습니다.
대신에 위의 예문처럼 'solo[**쏠로**]' 뒤 'la comida [라 꼬미다]'의 자리에 햄버거, 닭, 샐러드 등 원하는 요리를 대입하여 주문하면 햄버거 단품, 닭 단품을 뜻하게 됩니다.

28 콜라 / 펩시  Coca-Cola/Pepsi
[꼬까 꼴라/뻽씨]

· 콜라 주세요.

Deme una Coca-Cola(Pepsi), por favor.
[데메 우나 꼬까 꼴라(뻽씨), 뽀르 파보르.]

· 다이어트 콜라로 주세요.

Deme una Coca-Cola(Pepsi) "zero", por favor.
[데메 우나 꼬까 꼴라(뻽씨) 쎄로, 뽀르 파보르.]

TIP 스페인어에는 "꼬리 (cola [꼴라])" 라는 단어가 따로 있기 때문에 콜라를 시키실 때에는
정확한 브랜드명을 이야기 하시는 것이 좋습니다.

29 여기서 먹을 거예요 para tomar aquí
[빠라 또마르 아끼]

· 드시고 가세요? 아니면 포장이세요?

¿Para tomar aquí o para llevar?
[빠라 또마르 아끼 오 빠라 예바르?]

· 여기서 먹을 거예요.

Voy a comer aquí.
[보이 아 꼬메르 아끼.]

식당

30 포장이요 para llevar
[빠라 예바르]

· 드시고 가세요? 아니면 포장이세요?

¿Para tomar aquí o para llevar?
[빠라 또마르 아끼 오 빠라 예바르?]

· 포장이에요.

Para llevar.
[빠라 예바르.]

· 감자튀김만 포장해주세요.　Solo las patatas para llevar, por favor.
[쏠로 라스 빠따따스 빠라 예바르, 뽀르 파보르.]

· 햄버거만 포장해주세요.　Solo la hamburguesa para llevar, por favor.
[쏠로 라 암부르게싸 빠라 예바르, 뽀르 파보르.]

· 샐러드만 포장해주세요.　Solo la ensalada para llevar, por favor.
[쏠로 라 엔쌀라다 빠라 예바르, 뽀르 파보르.]

31 소스 🧂

salsa
[쌀싸]

· 소스는 뭐뭐 있어요?　¿Qué salsa tiene?
[께 쌀싸 띠에네?]

· 그냥 케첩 주세요.　Quiero ketchup.
[끼에로 껫춥.]

· 머스타드 소스 주세요.　Quiero mostaza.
[끼에로 모스따싸.]

· 칠리 소스 주세요.　Quiero salsa picante.
[끼에로 쌀싸 삐깐떼.]

· 바비큐 소스 주세요.　Quiero salsa barbacoa.
[끼에로 쌀싸 바르바꼬아.]

32 음료 🥤

bebida
[베비다]

· 음료는 어떤 걸로 하실래요?　¿Qué bebida quiere tomar?
[께 베비다 끼에레 또마르?]

· 탄산음료 하실래요? **¿Quiere un refresco?**
[끼에레 운 ㄹ레프레스꼬?]

· 오렌지 주스 주세요. **Quiero un zumo de naranja.**
[끼에로 운 쑤모 데 나랑하.]

· 콜라 주세요. **Quiero una Coca-Cola(Pepsi).**
[끼에로 우나 꼬까 꼴라(뻽씨).]

· 사이다 주세요. **Quiero un Sprite.**
[끼에로 운 에스쁘라잇.]

· 커피 주세요. **Quiero un café.**
[끼에로 운 까페.]

· 리필 되나요? **¿Puede rellenarlo?**
[뿌에데 ㄹ레예나를로?]

TIP 주스를 **스페인에서는)** zumo [쑤모]
중남미에서는) jugo [후고]
스페인어에는 "꼬리 (cola [꼴라])" 라는 단어가 따로 있기 때문에 콜라를 시키실 때에는
정확한 브랜드 명을 이야기 하시는 것이 좋습니다.

---

33 얼음 🔊

hielo
[이엘로]

식당

· 얼음 많이 주세요. **Mucho hielo, por favor.**
[무초 이엘로, 뽀르 파보르.]

· 얼음 조금만 주세요. **Poco hielo, por favor.**
[뽀꼬 이엘로, 뽀르 파보르.]

· 얼음 너무 많아요. **Ha puesto demasiado hielo.**
[아 뿌에스또 데마씨아도 이엘로.]

· 얼음 빼고 주세요.

Sin hielo, por favor.
[씬 이엘로, 뽀르 파보르.]

34 빨대

pajilla
[빠히야]

· 빨대 어디 있어요?

¿Dónde están las pajillas?
[돈데 에스딴 라스 빠히야스?]

· 빨대 안 주셨는데요.

No me ha dado una pajilla.
[노 메 아 다도 우나 빠히야.]

· 빨대 없어요.

No tengo pajilla.
[노 뗑고 빠히야.]

· 빨대 더 주세요.

Más pajillas, por favor.
[마스 빠히야스, 뽀르 파보르.]

· 빨대도 넣어 주셨어요?

¿Ha puesto pajillas?
[아 뿌에스또 빠히야스?]

TIP 빨대를 뜻하는 동의어로는
pajita [빠히따]
popote [뽀뽀떼]
bombilla [봄비야]
carrizo [까리쏘]
sobrete [쏘브레떼]

35 냅킨

servilleta
[쎄르비예따]

· 냅킨 어디 있어요?

¿Dónde están las servilletas?
[돈데 에스딴 라스 쎄르비예따스?]

· 냅킨 더 주세요. **Deme más servilletas, por favor.**
[데메 마스 쎄르비예따스, 뽀르 파보르.]

· 여기 냅킨 없어요. **No hay servilletas aquí.**
[노 아이 쎄르비예따스 아끼.]

· 냅킨 많이 좀 주세요. **Deme muchas servilletas, por favor.**
[데메 무차스 쎄르비예따스, 뽀르 파보르.]

36 뜨거운   caliente
[깔리엔떼]

· 뜨거운 아메리카노 한 잔
이요. Un café americano caliente, por favor.
[운 까페 아메리까노 깔리엔떼, 뽀르 파보르.]

· 뜨거운 라테 한 잔이요. Un latte caliente, por favor.
[운 라테 깔리엔떼, 뽀르 파보르.]

· 머그에 뜨거운 물 좀 주세요. Deme una taza de agua caliente, por favor.
[데메 우나 따싸 데 아구아 깔리엔떼, 뽀르 파보르.]

37 아이스 con hielo
[꼰 이엘로]

· 아이스 아메리카노 한 잔
이요. Un café americano con hielo, por favor.
[운 까페 아메리까노 꼰 이엘로, 뽀르 파보르.]

· 아이스 라테 한 잔이요. Un latte con hielo, por favor.
[운 라테 꼰 이엘로, 뽀르 파보르.]

· 얼음물 주세요. Deme un vaso de agua con hielo, por favor.
[데메 운 바쏘 데 아구아 꼰 이엘로, 뽀르 파보르.]

식당

· 그냥 물 조금 주세요.　　Deme un poco de agua, por favor.
　　　　　　　　　　　　[데메 운 뽀꼬 데 아구아, 뽀르 파보르.]

38 우유 🥛

leche
[레체]

· 우유 많이 넣어주세요.　　Con mucha leche, por favor.
　　　　　　　　　　　　[꼰 무차 레체, 뽀르 파보르.]

· 우유 어떤 걸로 넣어드릴　¿Qué tipo de leche prefiere?
  까요?　　　　　　　　　[께 띠뽀 데 레체 쁘레피에레?]

· 무지방 우유로 넣어주세요.　Leche desnatada, por favor.
　　　　　　　　　　　　[레체 데스나따다, 뽀르 파보르.]

· 저지방 우유로 넣어주세요.　Leche semidesnatada, por favor.
　　　　　　　　　　　　[레체 쎄미데스나따다, 뽀르 파보르.]

· 두유로 넣어주세요.　　　Leche de soja, por favor.
　　　　　　　　　　　　[레체 데 쏘하, 뽀르 파보르.]

　TIP　두유를 멕시코를 포함한 일부 중미 국가에서는) soya [쏘야]

39 시럽 🍶

sirope
[씨로뻬]

· 시럽 넣어 드려요?　　　¿Quiere que le ponga sirope en su
　　　　　　　　　　　　bebida?
　　　　　　　　　　　　[끼에레 께 레 뽕가 씨로뻬 엔 쑤 베비다?]

· 시럽 빼주세요.　　　　Sin sirope, por favor.
　　　　　　　　　　　　[씬 씨로뻬, 뽀르 파보르.]

· 시럽 조금만 넣어주세요.

Ponga un poco de sirope, por favor.
[뽕가 운 뽀꼬 데 씨로뻬, 뽀르 파보르.]

· 바닐라 시럽 넣어주세요.

Ponga sirope de vainilla, por favor.
[뽕가 씨로뻬 데 바이니야, 뽀르 파보르.]

· 헤이즐넛 시럽 넣어주세요.

Ponga sirope de avellana, por favor.
[뽕가 씨로뻬 데 아베야나, 뽀르 파보르.]

· 시럽 어디 있어요?

¿Dónde está el sirope?
[돈데 에스따 엘 씨로뻬?]

40 휘핑크림 crema batida
[끄레마 바띠다]

· 휘핑크림 올려드릴까요?

¿Quiere que le ponga crema en su bebida?
[끼에레 께 레 뽕가 끄레마 엔 쑤 베비다?]

· 휘핑크림 빼주세요.

Sin crema, por favor.
[씬 끄레마, 뽀르 파보르.]

· 휘핑크림 조금만요.

Un poco de crema, por favor.
[운 뽀꼬 데 끄레마, 뽀르 파보르.]

· 휘핑크림 많이 주세요.

Mucha crema, por favor.
[무차 끄레마, 뽀르 파보르.]

식당

41 사이즈 tamaño
[따마뇨]

· 사이즈 어떤 걸로 드려요?

¿De qué tamaño?
[데 께 따마뇨?]

· 사이즈 어떤 거 있어요?

¿Qué tamaños tiene?
[께 따마뇨스 띠에네?]

· 이게 무슨 사이즈예요?

¿De qué tamaño es este?
[데 께 따마뇨 에스 에스떼?]

· 제일 큰 거 주세요.

Quiero el más grande.
[끼에로 엘 마스 그란데.]

· 제일 작은 거 주세요.

Quiero el más pequeño.
[끼에로 엘 마스 뻬께뇨.]

42 추가하다 ✚

agregar
[아그레가르]

· 에스프레소 샷 추가 해주세요.

Quiero agregar un shot (tiro) de espresso.
[끼에로 아그레가르 운 숏(띠로) 데 에스쁘레쏘.]

· 휘핑크림 추가해주세요.

Quiero agregar crema, por favor.
[끼에로 아그레가르 끄레마, 뽀르 파보르.]

· 시럽 추가해주세요.

Quiero agregar sirope, por favor.
[끼에로 아그레가르 씨로뻬, 뽀르 파보르.]

· 라테 거품 많이요.

Con mucha espuma en el latte, por favor.
[꼰 무차 에스뿌마 엔 엘 라테, 뽀르 파보르.]

· 우유 많이요.

Mucha leche, por favor.
[무차 레체, 뽀르 파보르.]

· 계피 가루 많이요.

Mucha canela, por favor.
[무차 까넬라, 뽀르 파보르.]

TIP 조그마한 잔을 **스페인에서는)** tiro [띠로]

43 케이크 🍰

pastel
[빠스뗄]

· 케이크 종류 뭐 있어요?
¿Qué pasteles tiene?
[께 빠스뗄레스 띠에네?]

· 이 케이크는 얼마예요?
¿Cuánto cuesta este pastel?
[꾸안또 꾸에스따 에스떼 빠스뗄?]

· 한 조각 주세요.
Quiero una rebanada.
[끼에로 우나 ㄹ레바나다.]

· 초콜릿 케이크 주세요.
Quiero un pastel de chocolate.
[끼에로 운 빠스뗄 데 초꼴라테.]

· 치즈 케이크 주세요.
Quiero un pastel de queso.
[끼에로 운 빠스뗄 데 께쏘.]

· 라즈베리 케이크 주세요.
Quiero un pastel de frambuesa.
[끼에로 운 빠스뗄 데 프람부에사.]

44 샌드위치 🔺

sándwich
[싼드위치]

· 샌드위치 있어요?
¿Tiene sándwiches?
[띠에네 싼드위체스?]

· 샌드위치 뭐 있어요?
¿Qué sándwiches tiene?
[께 싼드위체스 띠에네?]

· 빵 종류는 어떤 걸로 드릴까요?
¿Qué tipo de pan quiere?
[께 띠뽀 데 빤 끼에레?]

· 그냥 밀가루 빵이요.
De pan blanco, por favor.
[데 빤 블랑꼬, 뽀르 파보르.]

식당

· 호밀 빵이요.   **De pan integral.**
                     [데 빤 인떼그랄.]

· 여기엔 뭐 들어 있어요?   **¿Qué lleva dentro?**
                     [께 예바 덴뜨로?]

· 양파 빼 주세요.   **Sin cebolla, por favor.**
                     [씬 쎄보야, 뽀르 파보르.]

· 채소 추가요.   **Quiero añadir verduras, por favor.**
                     [끼에로 아냐디르 베르두라스, 뽀르 파보르.]

· 치즈 추가요.   **Quiero añadir queso, por favor.**
                     [끼에로 아냐디르 께쏘, 뽀르 파보르.]

· 샌드위치 식었어요.   **Este sándwich está frío.**
                     [에스떼 싼드위치 에스따 프리오.]

45 베이글 ⊝   **bagel**
                      [바헬 /베이글]

· 베이글 있어요?   **¿Tiene pan de bagel?**
                     [띠에네 빤 데 바헬?]

· 베이글 뭐 있어요?   **¿Qué tipo de bagel tiene?**
                     [께 띠뽀 데 바헬 띠에네?]

· 데워 드릴까요?   **¿Lo quiere caliente?**
                     [로 끼에레 깔리엔떼?]

· 베이글 말고 뭐 있어요? **¿Qué más tiene aparte de un bagel?**
                     [께 마스 띠에네 아빠르떼 데 운 바헬?]

· 스콘 있어요?   **¿Tiene scones?**
                     [띠에네 에스꼬네스?]

TIP [바헬] 이라 읽기도 하고, [베이글] 이라 읽기도 합니다.

46 와이파이 📶　　Wi-Fi
[위피]

· 여기 와이파이 되나요?　　**¿Hay Wi-Fi en este lugar?**
[아이 위피 엔 에스떼 루가르?]

· 와이파이 비밀번호 뭐예요?　　**¿Cuál es la contraseña de Wi-Fi ?**
[꾸알 에스 라 꼰뜨라쎄냐 데 위피?]

· 와이파이 좀 연결해 주세요.　　**Conécteme al Wi-Fi, por favor.**
[꼬넥떼메 알 위피, 뽀르 파보르.]

TIP 간혹 와이파이를 '무선 인터넷 Internet Inalámbrico [인떼르넷 인알람브리꼬]' 라고
표기해놓은 곳도 있어요.

47 화장실 🚻　　baño
[바뇨]

· 화장실 어디 있어요?　　**¿Dónde está el baño?**
[돈데 에스따 엘 바뇨?]

· 누구 있어요?　　**¿Hay alguien en el baño?**
[아이 알기엔 엔 엘 바뇨?]

· 화장실이 잠겼는데요.　　**El baño está cerrado.**
[엘 바뇨 에스따 쎄ㄹ라도.]

· 화장실 더러워요.　　**El baño está sucio.**
[엘 바뇨 에스따 쑤씨오.]

· 화장실에 휴지 없어요.　　**No hay papel higiénico en el baño.**
[노 아이 빠뻴 이히에니꼬 엔 엘 바뇨.]

TIP 공중화장실을 **스페인에서는)** servicio [쎄르비씨오]

식당

위급상황 필요한 단어

01 너무 짠
demasiado salado
[데마씨아도 쌀라도]

02 너무 뜨거운
demasiado caliente
[데마씨아도 깔리엔떼]

03 너무 차가운
demasiado frío
[데마씨아도 프리오]

04 너무 매운
demasiado picante
[데마씨아도 삐깐떼]

05 맛이 이상한
raro
[ㄹ라로]

06 떨어뜨렸어요
se me ha caído
[쎄 메 아 까이도]

07 안 나왔는데요
no ha salido
[노 아 쌀리도]

08 바꿔주세요
cambie
[깜비에]

09 포장해주세요
para llevar
[빠라 예바르]

10 이거 안 시켰어요
no lo he pedido
[노 로 에 뻬디도]

11 이거 빼주세요
sin esto
[씬 에스또]

12	흘렸어요	**se me ha caído** [쎄 메 아 까이도]
13	리필하다	**rellenar** [ㄹ레예나르]
14	~이 없어요	**no hay** [노 아이]

빨리찾아 말하면 OK!

· 화장실 어디 있어요?

¿Dónde está el baño?
[돈데 에스따 엘 바뇨?]

· 누구 있어요?

¿Hay alguien en el baño?
[아이 알기엔 엔 엘 바뇨?]

· 화장실이 잠겼는데요.

El baño está cerrado.
[엘 바뇨 에스따 쎄르라도.]

· 화장실 더러워요.

El baño está sucio.
[엘 바뇨 에스따 쑤시오.]

· 화장실에 휴지 없어요.

No hay papel higiénico en el baño.
[노 아이 빠뻴 이히에니꼬 엔 엘 바뇨.]

· 이거 너무 짜요.

Esto está demasiado salado.
[에스또 에스따 데마씨아도 쌀라도.]

· 이거 너무 뜨거워요.

Esto está demasiado caliente.
[에스또 에스따 데마씨아도 깔리엔떼.]

· 조심하세요! 접시 뜨거워요.

Cuidado, el plato está caliente.
[꾸이다도, 엘 쁠라또 에스따 깔리엔떼.]

· 저 지금 데일 뻔했어요!

¡Casi me quemo!
[까씨 메 께모!]

· 이거 너무 차가워요.

Esto está demasiado frío.
[에스또 에스따 데마씨아도 프리오.]

· 데워 주세요.

Caliéntelo, por favor.
[깔리엔뗄로, 뽀르 파보르.]

· 이거 너무 매워요.

Esto está demasiado picante.
[에스또 에스따 데마씨아도 삐깐떼.]

· 너무 싱거워요.

Esto está demasiado soso.
[에스또 에스따 데마씨아도 쏘쏘.]

· 소금 좀 주세요.

Tráigame un poco de sal, por favor.
[뜨라이가메 운 뽀꼬 데 쌀, 뽀르 파보르.]

· 이거 맛이 이상한데요.

Esto sabe raro.
[에스또 싸베 ㄹ라로.]

· 주방장 불러줘요.

Llame al cocinero, por favor.
[야메 알 꼬씨네로, 뽀르 파보르.]

· 포크 떨어뜨렸어요.

Se me ha caído el tenedor.
[쎄 메 아 까이도 엘 떼네도르.]

· 나이프 떨어뜨렸어요.

Se me ha caído el cuchillo.
[쎄 메 아 까이도 엘 꾸치요.]

· 잔을 떨어뜨렸어요.

Se me ha caído el vaso.
[쎄 메 아 까이도 엘 바쏘.]

· 접시를 떨어뜨렸어요.

Se me ha caído el plato.
[쎄 메 아 까이도 엘 쁠라또.]

· 메뉴 안 나왔는데요.

No ha salido mi comida.
[노 아 쌀리도 미 꼬미다.]

· 수프 안 나왔어요.

No ha salido mi sopa.
[노 아 쌀리도 미 쏘빠.]

· 샐러드 안 나왔어요.

No ha salido mi ensalada.
[노 아 쌀리도 미 엔살라다.]

· 애피타이저 안 나왔어요.

No ha salido mi aperitivo.
[노 아 쌀리도 미 아뻬리띠보.]

· 음료가 안 나왔어요.

No ha salido mi bebida.
[노 아 쌀리도 미 베비다.]

· 디저트가 안 나왔어요.

No ha salido mi postre.
[노 아 쌀리도 이 뽀스뜨레.]

식당

· 메인이 먼저 나왔네요.

Mi plato principal ha salido primero.
[미 쁠라또 쁘린씨빨 아 쌀리도 쁘리메로.]

· 메뉴 바꿔주세요.

Cambie mi plato, por favor.
[깜비에 미 쁠라또, 뽀르 파보르.]

· 못 먹겠어요.

No puedo comer esto.
[노 뿌에도 꼬메르 에스또.]

· 이거 포장해주세요.

Quiero este plato para llevar.
[끼에로 에스떼 쁠라또 빠라 예바르.]

· 이 메뉴 포장해주세요.

Quiero esta comida para llevar.
[끼에로 에스따 꼬미다 빠라 예바르.]

· 이 메뉴 안 시켰어요.

No he pedido este plato.
[노 에 뻬디도 에스떼 쁠라또.]

· 이거 먹은 적 없어요.

Nunca he probado esto.
[눈까 에 쁘로바도 에스또.]

· 양파 빼주세요.

Sin cebolla, por favor.
[씬 쎄보야, 뽀르 파보르.]

· 토마토 빼주세요.

Sin tomate, por favor.
[씬 또마떼, 뽀르 파보르.]

· 양상추 빼주세요.

Sin lechuga, por favor.
[씬 레추가, 뽀르 파보르.]

· 올리브 빼주세요.

Sin aceitunas, por favor.
[씬 아쎄이뚜나스, 뽀르 파보르.]

· 계피 가루 빼주세요.

Sin canela, por favor.
[씬 까넬라, 뽀르 파보르.]

· 치즈 빼주세요.

Sin queso, por favor.
[씬 께소, 뽀르 파보르.]

· 시럽 빼주세요.

Sin sirope, por favor.
[씬 씨로뻬, 뽀르 파보르.]

· 이거 흘렸어요.　　　　　　Se me ha caído esto.
　　　　　　　　　　　　　　[쎄 메 아 까이도 에스또.]

· 콜라 흘렸어요.　　　　　　Se me ha caído la Coca-cola(Pepsi).
　　　　　　　　　　　　　　[쎄 메 아 까이도 라 꼬까 꼴라(뻽씨).]

· 물을 흘렸어요.　　　　　　Se me ha caído el agua.
　　　　　　　　　　　　　　[쎄 메 아 까이도 엘 아구아.]

· 제 음료 흘렸어요.　　　　　Se me ha caído la bebida.
　　　　　　　　　　　　　　[쎄 메 아 까이도 라 베비다.]

· 소스를 흘렸어요.　　　　　Se me ha caído la salsa.
　　　　　　　　　　　　　　[쎄 메 아 까이도 라 쌀싸.]

· 수프를 흘렸어요.　　　　　Se me ha caído la sopa.
　　　　　　　　　　　　　　[쎄 메 아 까이도 라 쏘빠.]

· 여기 좀 닦아주세요.　　　　Limpie aquí, por favor.
　　　　　　　　　　　　　　[림삐에 아끼, 뽀르 파보르.]

· 리필 되나요?　　　　　　　¿Puede rellenarlo?
　　　　　　　　　　　　　　[뿌에데 ㄹ레예나를로?]

· 이거 리필해 주세요.　　　　Rellénelo, por favor.
　　　　　　　　　　　　　　[ㄹ레예넬로, 뽀르 파보르.]

· 다른 음료로 리필해 주세요.　Rellene mi vaso con otra bebida, por favor.
　　　　　　　　　　　　　　[ㄹ레예네 미 바쏘 꼰 오뜨라 베비다, 뽀르 파보르.]

· 냅킨이 없어요.　　　　　　No hay servilletas.
　　　　　　　　　　　　　　[노 아이 쎄르비예따스.]

· 빨대가 없어요.　　　　　　No hay pajillas.
　　　　　　　　　　　　　　[노 아이 빠히야스.]

· 우유가 없어요.　　　　　　No hay leche.
　　　　　　　　　　　　　　[노 아이 레체.]

· 시럽이 없어요.　　　　　　No hay sirope.
　　　　　　　　　　　　　　[노 아이 씨로뻬.]

· 소금이 없어요.　　　　　　No hay sal.
　　　　　　　　　　　　　　[노 아이 쌀.]

⚠ 참지 마세요! 할 말은 합시다!
¡No aguante!

식당

음료 잘못 나왔어요.
Me ha dado la bebida equivocada.
[메 아 **다**도 라 베**비**다 에끼보**까**다.]

이거 안 시켰어요.
No he pedido esto.
[**노** 에 **뻬**디도 에스또.]

차가운 거 시켰어요.
He pedido una bebida fría.
[에 **뻬**디도 **우**나 베**비**다 프리아.]

뜨거운 거 시켰어요.
He pedido una bebida caliente.
[에 **뻬**디도 **우**나 베**비**다 깔리**엔**떼.]

PART 08
관광할 때

관광할 때

많은 단어를 알 필요 없다
왜? 말할 게 뻔하니까!

01	매표소	**taquilla de billetes** [따끼야 데 비예떼스]
02	할인	**descuento** [데스꾸엔또]
03	입구	**entrada** [엔뜨라다]
04	출구	**salida** [쌀리다]
05	입장료	**entrada** [엔뜨라다]
06	추천	**recomendación** [ㄹ레꼬멘다씨온]
07	안내소	**información turística** [인포르마씨온 뚜리스띠까]
08	관광 명소	**lugar turístico** [루가르 뚜리스띠꼬]
09	브로셔	**folleto** [포예또]
10	영업 시간	**horario comercial** [오라리오 꼬메르씨알]
11	시간표	**horario** [오라리오]

관광

23	공연 시간	**duración del espectáculo** [두라씨온 델 에스뻭딱꿀로]
24	매진된	**agotado** [아고따도]
25	좌석	**asiento** [아씨엔또]
26	휴식 시간	**descanso** [데스깐쏘]
27	자막	**subtítulo** [쑵띠뚤로]
28	주연 배우	**actor principal** [악또르 쁘린씨빨]
29	무대 뒤	**entre bastidores** [엔뜨레 바스띠도레스]
30	금지	**no** [노]
31	화장실	**baño** [바뇨]

빨리찾아 읽으세요

01 매표소

taquilla de billetes
[따끼야 데 비예떼스]

· 매표소 어디예요?

¿Dónde está la taquilla de billetes?
[돈데 에스**따** 라 따**끼**야 데 비예떼스?]

· 매표소 가까워요?

¿Está cerca la taquilla de billetes?
[에스**따** 쎄르까 라 따**끼**야 데 비예떼스?]

· 매표소로 데려가 주세요.

Lléveme a la taquilla de billetes, por favor.
[예베메 알 라 따**끼**야 데 비예떼스, 뽀르 파보르.]

> **TIP** 매표소를 뜻하는 동의어로는
> boletería [볼레떼**리**아], ventanilla [벤따**니**야]

02 할인

descuento
[데스꾸엔또]

· 할인되나요?

¿Hay descuento?
[**아**이 데스꾸**엔**또?]

· 학생 할인되나요?

¿Hay descuento para estudiantes?
[**아**이 데스꾸**엔**또 빠라 에스뚜디안떼스?]

· 할인된 가격이에요?

¿Es el precio con descuento?
[에스 엘 쁘**레**씨오 꼰 데스꾸**엔**또?]

관광

03 입구

entrada
[엔뜨라다]

· 입구가 어디예요?

¿Dónde está la entrada?
[돈데 에스따 라 엔뜨라다?]

· 입구가 안 보여요.

No veo la entrada.
[노 베오 라 엔뜨라다.]

· 이 방향이 입구예요?

¿Está la entrada en esta dirección?
[에스따 라 엔뜨라다 엔 에스따 디렉씨온?]

04 출구

salida
[쌀리다]

· 출구가 어디죠?

¿Dónde está la salida?
[돈데 에스따 라 쌀리다?]

· 출구가 안 보여요.

No veo la salida.
[노 베오 라 쌀리다.]

· 이 방향이 출구예요?

¿Está la salida en esta dirección?
[에스따 라 쌀리다 엔 에스따 디렉씨온?]

05 입장료

entrada
[엔뜨라다]

· 입장료가 얼마죠?

¿Cuánto cuesta la entrada?
[꾸안또 꾸에스따 라 엔뜨라다?]

· 어린이 입장료는 얼마죠?

¿Cuánto cuesta para los niños?
[꾸안또 꾸에스따 빠라 로스 니뇨스?]

· 입장료만 내면 다 볼 수 있나요?

¿La entrada lo cubre todo?
[라 엔뜨라다 로 꾸브레 또도?]

06 추천

recomendación
[ㄹ레꼬멘다씨온]

· 추천할 만한 볼거리 있어요?

¿Qué me recomienda ver?
[께 메 ㄹ레꼬미엔다 베르?]

· 제일 추천하는 건 뭐예요?

¿Qué es lo que más me recomienda?
[께 에스 로 께 마스 메 ㄹ레꼬미엔다?]

· 추천 안 하는 건 어떤 거예요?

¿Qué es lo que menos me recomienda?
[께 에스 로 께 메노스 메 ㄹ레꼬미엔다?]

· 추천하는 코스가 있나요?

¿Hay alguna ruta recomendable?
[아이 알구나 ㄹ루따 ㄹ레꼬멘다블레?]

07 안내소

información turística
[인포르마씨온 뚜리스띠까]

· 안내소가 어디예요?

¿Dónde está la información turística?
[돈데 에스따 라 인포르마씨온 뚜리스띠까?]

· 안내소에 데려가 주세요.

Lléveme a la información turística, por favor.
[예베메 알 라 인포르마씨온 뚜리스띠까, 뽀르 파보르.]

· 안내소가 여기서 멀어요?

¿Está lejos de aquí la información turística?
[에스따 레호스 데 아끼 라 인포르마씨온 뚜리스띠까?]

관광

· 가까운 안내소는 어디예요?

¿Dónde está la información turística más cercana desde aquí?
[돈데 에스**따** 라 인포르마씨**온** 뚜리스띠까 마스 쎄르**까**나 데스데 아**끼**?]

08 관광 명소

lugar turístico
[루가르 뚜리스띠꼬]

· 제일 유명한 관광 명소가 어떤 거죠?

¿Cuál es el lugar turístico más famoso de aquí?
[꾸**알** 에스 엘 루가르 뚜리스띠꼬 마스 파모쏘 데 아**끼**?]

· 관광 명소 추천해 주세요.

Recomiéndeme algunos lugares turísticos, por favor.
[ㄹ레꼬미**엔**데메 알구노스 루가레스 뚜리스띠꼬스, 뽀르 파보르.]

· 보는 시간이 적게 걸리는 건 어떤 거죠?

¿Cuál es el que lleva menos tiempo en ver?
[꾸**알** 에스 엘 께 예바 **메**노스 띠엠뽀 엔 베르?]

· 보는 시간이 많이 걸리는 건 어떤 거죠?

¿Cuál es el que lleva más tiempo en ver?
[꾸**알** 에스 엘 께 예바 마스 띠엠뽀 엔 베르?]

09 브로셔

folleto
[포예또]

· 브로셔 어디서 구해요?

¿Dónde puedo conseguir un folleto?
[돈데 뿌에도 꼰쎄기르 운 포예또?]

· 브로셔 하나 주세요.

Deme un folleto, por favor.
[데메 운 포예또, 뽀르 파보르.]

· 한국어 브로셔 있어요?

¿Tiene un folleto en coreano?
[띠에네 운 포예또 엔 꼬레아노?]

TIP 브로셔의 동의어로는 panfleto [빤플레또]

10 영업 시간

horario comercial
[오라리오 꼬메르씨알]

· 영업 시간이 언제예요?

¿Cuál es su horario comercial?
[꾸알 에스 쑤 오라리오 꼬메르씨알?]

· 언제 열어요?

¿A qué hora abre?
[아 께 오라 아브레?]

· 언제 닫아요?

¿A qué hora cierra?
[아 께 오라 씨에ㄹ라?]

11 시간표

horario
[오라리오]

· 시간표 어디서 봐요?

¿Dónde puedo ver el horario?
[돈데 뿌에도 베르 엘 오라리오?]

· 이 공연 시간표가 어떻게
되나요?

**¿Cuál es el horario de este
espectáculo?**
[꾸알 에스 엘 오라리오 데 에스떼 에스뻭따
꿀로?]

· 시간표가 달라요.

El horario es diferente.
[엘 오라리오 에스 디페렌떼.]

· 해설사가 설명해주는 건
언제예요?

**¿A qué hora empieza la explicación el
guía?**
[아 께 오라 엠삐에싸 라 엑스쁠리까씨온 엘
기아?]

관광

12 사진

foto
[포또]

· 사진 찍으시면 안 됩니다.
No está permitido tomar fotos.
[노 에스따 뻬르미띠도 또마르 포또스.]

· 사진 찍어도 되나요?
¿Puedo tomar fotos?
[뿌에도 또마르 포또스?]

· 사진 한 장만 찍어줄래요?
¿Me puede tomar una foto, por favor?
[메 뿌에데 또마르 우나 포또, 뽀르 파보르?]

· 이거랑 같이 찍어주세요.
Tómeme una foto con esto, por favor.
[또메메 우나 포또 꼰 에스또, 뽀르 파보르.]

· 같이 사진 찍을까요?
¿Podemos tomarnos una foto juntos?
[뽀데모스 또마르노스 우나 포또 훈또스?]

TIP fotografía [포또그라**피**아]의 줄임말이 foto [**포또**]

13 설명 📖

explicación
[엑스쁠리까씨온]

· 이거 설명해 주세요.
Explíqueme esto, por favor.
[엑스쁠리께메 에스또, 뽀르 파보르.]

· 설명해 주시는 분 있어요?
¿Hay algún narrador?
[아이 알군 나ㄹ라도르?]

· 한국어로 된 설명도 있어요?
¿Tiene una explicación en coreano?
[띠에네 우나 엑스쁠리까씨온 엔 꼬레아노?]

14 일정 🕐📅

horario
[오라리오]

· 이 공연 스케줄은 언제예요?
¿Cuál es el horario de este espectácu-lo?
[꾸알 에스 엘 오라리오 데 에스떼 에스뻭따꿀로?]

· 자세한 스케줄은 어디서 봐요?
¿Dónde puedo ver los detalles del horario?
[돈데 뿌에도 베르 로스 데따에스 델 오라리오?]

· 이 스케줄이 맞아요?
¿Está bien este horario?
[에스따 비엔 에스떼 오라리오?]

15 출발 👟

salida
[쌀리다]

· 출발이 언제예요?
¿A qué hora es la salida?
[아 께 오라 에스 라 쌀리다?]

· 출발을 조금만 늦게 하면 안 되나요?
¿Podemos retrasar un poco la hora de salida?
[뽀데모스 ㄹ레뜨라싸르 운 뽀꼬 라 오라 데 쌀리다?]

· 출발 시간이 너무 빨라요.
La hora de salida es demasiado temprana.
[라 오라 데 쌀리다 에스 데마씨아도 뗌쁘라나.]

관광

16 도착

llegada
[예가다]

· 도착이 언제예요?

¿A qué hora es la llegada?
[아 께 오라 에스 라 예가다?]

· 도착 시간이 너무 늦네요.

La hora de llegada es demasiado tarde.
[라 오라 데 예가다 에스 데마씨아도 따르데.]

17 통역사

intérprete
[인떼르쁘레떼]

· 통역사가 필요해요.

Necesito un intérprete.
[네쎄씨또 운 인떼르쁘레떼.]

· 한국어 통역사 있어요?

¿Hay algún intérprete coreano?
[아이 알군 인떼르쁘레떼 꼬레아노?]

18 시티 투어

recorrido por la ciudad
[ㄹ레꼬ㄹ리도 뽀르 라 씨우닷]

· 시티 투어 하고 싶어요.

Quiero un recorrido por la ciudad.
[끼에로 운 ㄹ레꼬ㄹ리도 뽀르 라 씨우닷.]

· 시티 투어 예약할게요.

Quiero reservar el recorrido por la ciudad.
[끼에로 ㄹ레쎄르바르 엘 ㄹ레꼬ㄹ리도 뽀르 라 씨우닷.]

· 시티 투어 자리 있어요? **¿Quedan billetes para el recorrido por la ciudad?**
[께단 비예떼스 빠라 엘 ㄹ레꼬리도 뽀르 라 씨우닷?]

· 저 혼자 할 거예요. **Solo yo.**
[쏠로 요.]

19 지도
mapa
[마빠]

· 지도 있어요? **¿Tiene un mapa?**
[띠에네 운 마빠?]

· 시티 투어 지도 있어요? **¿Tiene un mapa para el recorrido por la ciudad?**
[띠에네 운 마빠 빠라 엘 ㄹ레꼬ㄹ리도 뽀르 라 씨우닷?]

· 지도 좀 같이 봐도 될까요? **¿Podría compartir su mapa conmigo?**
[뽀드리아 꼼빠르띠르 쑤 마빠 꼰미고?]

20 선물 가게
tienda de regalos
[띠엔다 데 ㄹ레갈로스]

· 선물 가게 어디 있어요? **¿Dónde hay una tienda de regalos?**
[돈데 아이 우나 띠엔다 데 ㄹ레갈로스?]

· 선물 가게 멀어요? **¿Está lejos de aquí la tienda de regalos?**
[에스따 레호스 데 아끼 라 띠엔다 데 ㄹ레갈로스?]

· 기념품 사려고요. **Quiero comprar unos recuerdos.**
[끼에로 꼼쁘라르 우노스 ㄹ레꾸에르도스.]

관광

호텔 142p   식당 172p   관광 210p   쇼핑 234p   귀국 256p   **223**

21 공연

espectáculo
[에스뻭따꿀로]

· 공연 볼 거예요.
Voy a ver el espectáculo.
[보이 아 베르 엘 에스뻭따꿀로.]

· 공연 언제 시작해요?
¿A qué hora empieza el espectáculo?
[아 께 오라 엠삐에싸 엘 에스뻭따꿀로?]

· 공연 얼마 동안 해요?
¿Cuánto tiempo dura el espectáculo?
[꾸안또 띠엠뽀 두라 엘 에스뻭따꿀로?]

· 공연이 취소되었습니다.
El espectáculo ha sido cancelado.
[엘 에스뻭따꿀로 아 씨도 깐쎌라도.]

22 예매

reserva
[ㄹ레쎄르바]

· 티켓 예매하려고요.
Quiero hacer una reserva.
[끼에로 아쎄르 우나 ㄹ레쎄르바.]

· 예매하면 할인되나요?
¿Me da descuento si hago la reserva?
[메 다 데스꾸엔또 씨 아고 라 ㄹ레쎄르바?]

· 예매 안 했어요.
No tengo reserva.
[노 뗑고 ㄹ레쎄르바.]

23 공연 시간

duración del espectáculo
[두라씨온 델 에스뻭딱꿀로]

· 공연 시간이 얼마나 되죠?
¿Cuánto tiempo dura el espectáculo?
[꾸안또 띠엠뽀 두라 엘 에스뻭따꿀로?]

· 공연 시간 동안 뭐 먹어도 되나요?

¿Se puede comer durante el espectáculo?
[쎄 뿌에데 꼬메르 두란떼 엘 에스뻭딱꿀로?]

· 공연 시간 동안 사진 찍어도 되나요?

¿Se puede tomar fotos durante el espectáculo?
[쎄 뿌에데 또마르 포또스 두란떼 엘 에스뻭딱꿀로?]

· 공연 시간이 짧네요.

El espectáculo es corto.
[엘 에스뻭따꿀로 에스 꼬르또.]

· 공연 시간이 길어요.

El espectáculo es largo.
[엘 에스뻭따꿀로 에스 라르고.]

24 매진된

agotado
[아고따도]

· 매진되었나요?

¿Están agotadas las entradas?
[에스딴 아고따다스 라스 엔뜨라다스?]

· 다음 공연은 몇 시예요?

¿A qué hora empieza el siguiente espectáculo?
[아 께 오라 엠삐에싸 엘 씨기엔떼 에스뻭따꿀로?]

· 아예 표가 없어요?

¿Ya no queda ningún billete?
[야 노 께다 닝군 비예떼?]

· 자리가 나면 연락 주세요.

Avíseme cuando salgan billetes cancelados.
[아비쎄메 꾸안도 쌀간 비예떼스 깐쎌라도스.]

관광

TIP 티켓을 **중남미에서는)** boleto [볼레또]

25 좌석

asiento
[아씨엔또]

· 앞 좌석으로 주세요.

Deme un asiento en las filas de delante.
[데메 운 아씨엔또 엔 라스 필라스 데 델란떼.]

· 뒷좌석으로 주세요.

Deme un asiento en las filas de atrás.
[데메 운 아씨엔또 엔 라스 필라스 데 아뜨라스.]

· 중간 좌석으로 주세요.

Deme un asiento en las filas del medio.
[데메 운 아씨엔또 엔 라스 필라스 델 메디오.]

· 좋은 자리로 주세요.

Deme un buen asiento, por favor.
[데메 운 부엔 아씨엔또, 뽀르 파보르.]

26 휴식 시간

descanso
[데스깐쏘]

· 휴식 시간이 언제예요?

¿Cuándo es el descanso?
[꾸안도 에스 엘 데스깐쏘?]

· 휴식 시간 있어요?

¿Hay descanso?
[아이 데스깐쏘?]

· 휴식 시간이 몇 분이에요?

¿Cuánto tiempo dura el descanso?
[꾸안또 띠엠뽀 두라 엘 데스깐쏘?]

27 자막 .Smi

subtítulo
[쑵띠뚤로]

· 자막 있어요?

¿Tiene subtítulos?
[띠에네 쑵띠뚤로스?]

· 한국어 자막 있어요?

¿Tiene subtítulos en coreano?
[띠에네 쑵띠뚤로스 엔 꼬레아노?]

· 영어 자막 나와요?

¿Tiene subtítulos en inglés?
[띠에네 쑵띠똘로스 엔 잉글레스?]

28 주연 배우

actor principal
[악또르 쁘린씨빨]

· 주연 배우가 누구예요?

¿Quién es el actor principal?
[끼엔 에스 엘 악또르 쁘린씨빨?]

· 주연 배우를 만날 수 있어요?

¿Puedo conocer al actor principal?
[뿌에도 꼬노쎄르 알 악또르 쁘린씨빨?]

· 주연 배우가 유명해요?

¿Es famoso el actor principal?
[에스 파모쏘 엘 악또르 쁘린씨빨?]

TIP 주연 배우가 여자일 경우 la actriz principal [라 악뜨리스 쁘린씨빨]

29 무대 뒤

entre bastidores
[엔뜨레 바스띠도레스]

· 무대 뒤에 가볼 수 있나요?

¿Puedo ir entre bastidores?
[뿌에도 이르 엔뜨레 바스띠도레스?]

· 오늘은 백스테이지에 들어
가실 수 없습니다.

Hoy no se puede ir entre bastidores.
[오이 노 쎄 뿌에데 이르 엔뜨레 바스띠도레스.]

· 백스테이지에서 배우들과
사진을 찍을 수 있습니다.

**Puede tomarse fotos con los actores
entre bastidores.**
[뿌에데 또마르쎄 포또스 꼰 로스 악또레스
엔뜨레 바스띠도레스.]

관광

30 금지 🚫

no
[노]

· 촬영 금지   **No fotos**
[노 포또스]

· 플래시 금지   **No flash**
[노 플라쉬]

· 진입 금지   **No entrar**
[노 엔뜨라르]

· 반려동물 금지   **No mascotas**
[노 마스꼬따스]

· 비디오 촬영 금지   **No videos**
[노 비데오스]

31 화장실 🚻

baño
[바뇨]

· 화장실 어디 있어요?   **¿Dónde está el baño?**
[돈데 에스따 엘 바뇨?]

· 화장실 밖으로 나가야 되나요?   **¿Está el baño afuera?**
[에스따 엘 바뇨 아푸에라?]

· 공연장 안에는 화장실 없어요?   **¿No hay baño dentro del auditorio?**
[노 아이 바뇨 뗀뜨로 델 아우디또리오?]

TIP 공중화장실을 **스페인에서는)** servicio [쎄르비씨오]

말만하니? 난 듣기도 돼!

🎧 **듣고 따라해 보세요.**
질문을 했을 때 상대방이 할 수 있는 대답을 미리 예상해보고 발음을 들어보세요.

Quiero ver este espectáculo.
[끼에로 베르 에스떼 에스뻭따꿀로.]

이 공연을 보고 싶은데요.

① **¿Ha reservado su billete?**
[아 ㄹ레쎄르바도 쑤 비예떼?]

예매하셨나요?

② **Empieza a las nueve.**
[엠삐에싸 아 라스 누에베.]

아홉 시에 시작이에요.

③ **No hay representaciones.**
[노 아이 ㄹ레쁘레쎈따씨오네스.]

오늘은 공연이 없어요.

④ **Se representa los fines de semana.**
[쎄 ㄹ레쁘레쎈따 로스 피네스 데 쎄마나.]

주말에 하는 공연이에요.

⑤ **Hoy es la última representación.**
[오이 에스 라 울띠마 ㄹ레쁘레쎈따씨온.]

오늘이 마지막 공연이에요.

⑥ **Ya se ha acabado ese espectáculo.**
[야 쎄 아 아까바도 에쎄 에스뻭따꿀로.]

그 공연은 이제 하지 않아요.

관광

위급상황 필요한 단어

01 **잃어버렸어요**   **he perdido**
[에 뻬르디도]

02 **찾다**   **encontrar**
[엔꼰뜨라르]

03 **공중전화**   **teléfono público**
[뗄레포노 뿌블리꼬]

04 **조용히 해주세요**   **silencio**
[씰렌씨오]

빨리찾아 말하면 OK!

· 티켓 잃어버렸어요.
He perdido mi billete.
[에 뻬르디도 미 비예떼.]

· 가방 잃어버렸어요.
He perdido mi bolso.
[에 뻬르디도 미 볼쏘.]

· 제 휴대폰 잃어버렸어요.
He perdido mi teléfono móvil.
[에 뻬르디도 미 뗄레포노 모빌.]

· 제 친구 잃어버렸어요.
He perdido a mi amigo.
[에 뻬르디도 아 미 아미고.]

· 제 가이드를 잃어버렸어요.
He perdido a mi guía.
[에 뻬르디도 아 미 기아.]

· 분실물 센터가 어디예요?
¿Dónde está el centro de objetos perdidos?
[돈데 에스따 엘 쎈뜨로 데 옵헤또스 뻬르디도스?]

· 제 티켓 찾아야 해요.
Necesito encontrar mi billete.
[네쎄씨또 엔꼰뜨라르 미 비예떼.]

· 제 자리 찾아야 해요.
Necesito encontrar mi asiento.
[네쎄씨또 엔꼰뜨라르 미 아씨엔또.]

· 제 친구 찾아야 해요.
Necesito encontrar a mi amigo.
[네쎄씨또 엔꼰뜨라르 아 미 아미고.]

· 제 가이드 찾아야 해요.
Necesito encontrar a mi guía.
[네쎄씨또 엔꼰뜨라르 아 미 기아.]

· 제 버스 찾아야 해요.
Necesito encontrar mi autobús.
[네쎄씨또 엔꼰뜨라르 미 아우또부스.]

· 공중전화 어디 있어요?
¿Dónde hay un teléfono público?
[돈데 아이 운 뗄레포노 뿌블리꼬?]

· 전화 좀 쓸 수 있어요?
¿Puedo hacer una llamada, por favor?
[뿌에도 아쎄르 우나 야마다, 뽀르 파보르?]

· 조용히 좀 해줘요.
Silencio, por favor.
[씰렌씨오, 뽀르 파보르.]

TIP 티켓을 중남미에서는) boleto [볼레또]

관광

까칠한 여행 스페인어

⚠ 참지 마세요! 할 말은 합시다!
¡No aguante!

그만 말하세요.

Deje de hablar, por favor.
[데헤 데 아블라르, 뽀르 파보르.]

휴대폰 좀 꺼요.

Apague su teléfono, por favor.
[아빠게 쑤 뗄레포노, 뽀르 파보르.]

플래시 때문에 방해돼요.

Me molesta el flash de su cámara.
[메 몰레스따 엘 플라쉬 데 쑤 까마라.]

관광

PART 09
쇼핑할 때

쇼핑할 때

많은 단어를 알 필요 없다
왜? 말할 게 뻔하니까!

01	청바지	**pantalones vaqueros** [빤딸로네스 바께로스]
02	후드	**sudadera** [쑤다데라]
03	셔츠	**camisa** [까미싸]
04	치마	**falda** [팔다]
05	입어볼게요/신어볼게요	**quiero probarme** [끼에로 쁘로바르메]
06	피팅룸	**probador** [쁘로바도르]
07	사이즈	**talla** [따야]
08	전통적인	**tradicional** [뜨라디씨오날]
09	지역	**localidad** [로깔리닷]
10	포장	**envoltura** [엔볼뚜라]
11	추천	**recomendación** [ㄹ레꼬멘다씨온]
12	선물	**regalo** [ㄹ레갈로]

쇼핑

빨리찾아 읽으세요

01 청바지

pantalones vaqueros
[빠딸로네스 바께로스]

· 청바지 보려고요.

Quiero ver unos pantalones vaqueros.
[끼에로 베르 우노스 빠딸로네스 바께로스]

· 스키니진 있어요?

¿Tiene pantalones vaqueros ajusta-dos
[띠에네 빠딸로네스 바께로스 아후스따도스?]

· 일자 청바지 있어요?

¿Tiene pantalones vaqueros rectos?
[띠에네 빠딸로네스 바께로스 ㄹ렉또스?]

· 트레이닝 바지 있어요?

¿Tiene pantalones de deporte?
[띠에네 빠딸로네스 데 데뽀르떼?]

· 반바지 있어요?

¿Tiene shorts/bermudas?
[띠에네 쇼릇츠/베르무다스?]

> **TIP** 무릎까지 오는 반바지를) bermudas [베르무다스]
> 무릎 위로 올라오는 반바지를) shorts [쇼릇츠]
> 트레이닝 바지를 뜻하는 동의어로는
> pantalones de chándal [빠딸론네스 데 찬달]

02 후드

sudadera
[쑤다데라]

· 후드 티 종류 보려고요.

Quiero ver unas sudaderas.
[끼에로 베르 우나스 쑤다데라스.]

· 후드 티 어디 있어요?

¿Dónde están las sudaderas?
[돈데 에스딴 라스 쑤다데라스?]

· 트레이닝 상의 있어요?　　　　¿Tiene sudaderas de deporte?
　　　　　　　　　　　　　　　[띠에네 쑤다데라스 데 데뽀르떼?]

TIP 트레이닝 상의를 뜻하는 동의어로는
　　　sudadera de chándal [쑤다데라 데 찬달]

03 셔츠

camisa
[까미싸]

· 셔츠 보려고요.　　　　　　　Quiero ver unas camisas.
　　　　　　　　　　　　　　　[끼에로 베르 우나스 까미싸스.]

· 줄무늬 셔츠 볼게요.　　　　　Quiero ver unas camisas de rayas.
　　　　　　　　　　　　　　　[끼에로 베르 우나스 까미싸스 데 ㄹ라야스.]

· 땡땡이 셔츠 볼게요.　　　　　Quiero ver unas camisas de puntos.
　　　　　　　　　　　　　　　[끼에로 베르 우나스 까미싸스 데 뿐또스.]

· 남자 셔츠예요?　　　　　　　¿Es para hombre?
　　　　　　　　　　　　　　　[에스 빠라 옴브레?]

· 여자 셔츠예요?　　　　　　　¿Es para mujer?
　　　　　　　　　　　　　　　[에스 빠라 무헤르?]

· 이것보다 긴 셔츠 있어요?　　¿Tiene una más larga que esta?
　　　　　　　　　　　　　　　[띠에네 우나 마스 라르가 께 에스따?]

· 넥타이도 볼 거예요.　　　　　Quiero ver unas corbatas, también.
　　　　　　　　　　　　　　　[끼에로 베르 우나스 꼬르바따스, 땀비엔.]

쇼핑

04 치마 🩳

falda
[팔다]

· 치마 보려고요.
Quiero ver unas faldas.
[끼에로 베르 우나스 팔다스.]

· 긴 치마 있어요?
¿Tiene faldas largas?
[띠에네 팔다스 라르가스?]

· 짧은 치마 있어요?
¿Tiene faldas cortas?
[띠에네 팔다스 **꼬르따스**?]

· 드레스 있어요?
¿Tiene vestidos?
[띠에네 베스**띠도스**?]

05 입어볼게요/ 신어볼게요 👟

quiero probarme
[끼에로 쁘로바르메]

· 이거 입어볼게요.
Quiero probarme esto.
[끼에로 쁘로바르메 에스또.]

· 이거 신어볼게요.
Quiero probarme esto.
[끼에로 쁘로바르메 에스또.]

· 다른 거 입어볼게요.
Quiero probarme otro.
[끼에로 쁘로바르메 **오뜨로.**]

· 다른 사이즈 신어볼게요.
Quiero probarme otra talla.
[끼에로 쁘로바르메 **오뜨라 따야.**]

06 피팅룸 🚪

probador
[쁘로바**도르**]

· 피팅룸 어디예요?
¿Dónde está el probador?
[돈데 에스**따** 엘 쁘로바**도르**?]

· 피팅룸 못 찾겠어요.   **No encuentro el probador.**
[노 엔꾸엔뜨로 엘 쁘로바도르.]

· 몇 개 입어볼 수 있어요?   **¿Cuántos puedo probarme?**
[꾸안또스 뿌에도 쁘로바르메?]

· 이건 안 입어 봤어요.   **No me he probado esto.**
[노 메 에 쁘로바도 에스또.]

· 이걸로 할게요.   **Me llevo esto.**
[메 예보 에스또.]

07 사이즈   talla
[따야]

· 사이즈가 어떻게 되세요?   **¿Qué talla tiene?**
[께 따야 띠에네?]

· 커요.   **Es grande.**
[에스 그란데.]

· 작아요.   **Es pequeño.**
[에스 뻬께뇨.]

· 더 큰 걸로 주세요.   **Quiero uno más grande.**
[끼에로 우노 마스 그란데.]

· 더 작은 걸로 주세요.   **Quiero uno más pequeño.**
[끼에로 우노 마스 뻬께뇨.]

08 전통적인   tradicional
[뜨라디씨오날]

쇼핑

· 전통적인 물건 있어요?   **¿Tiene algo tradicional?**
[띠에네 알고 뜨라디씨오날?]

· 전통적인 음식 있어요?　　¿Hay alguna comida tradicional?
　　　　　　　　　　　　　　[아이 알구나 꼬미다 뜨라디씨오날?]

· 여기서 선물하기 좋은 게 　¿Qué cree que es lo mejor de aquí
　뭐예요?　　　　　　　　　para regalar?
　　　　　　　　　　　　　　[께 끄레에 께 에스 로 메호르 데 아끼 빠라
　　　　　　　　　　　　　　ㄹ레갈라르?]

09 지역 　localidad
　　　　　　　　　　　　　　[로깔리닷]

· 이 지역에서 유명한 게 뭐　¿Qué es lo más famoso de esta
　예요?　　　　　　　　　　localidad?
　　　　　　　　　　　　　　[께 에스 로 마스 파모쏘 데 에스따 로깔리닷?]

· 지역 특산품 있어요?　　　¿Tiene productos locales famosos?
　　　　　　　　　　　　　　[띠에네 쁘로둑또스 로깔레스 파모쏘스?]

· 이 지역에서 선물하기 좋은　¿Qué cree que es lo mejor de esta
　게 뭐예요?　　　　　　　localidad para regalar?
　　　　　　　　　　　　　　[께 끄레에 께 에스 로 메호르 데 에스따
　　　　　　　　　　　　　　로깔리닷 빠라 ㄹ레갈라르?]

10 포장　envoltura
　　　　　　　　　　　　　　[엔볼뚜라]

· 포장해 주세요.　　　　　　¿Lo puede envolver, por favor?
　　　　　　　　　　　　　　[로 뿌에데 엔볼베르, 뽀르 파보르?]

· 포장은 이거 하나만 해주　Envuélvame solo esto, por favor.
　세요.　　　　　　　　　　[엔부엘바메 쏠로 에스또, 뽀르 파보르.]

· 포장하는 데 돈 들어요?

¿Necesito pagar para envolverlo?
[네쎄씨또 빠가르 빠라 엔볼베를로?]

· 너무 비싸요.

Es demasiado caro.
[에스 데마씨아도 **까**로.]

· 그냥 내가 집에서 포장할 게요.

Voy a envolverlo en casa por mi cuenta.
[**보**이 아 엔볼베를로 엔 **까**싸 **뽀**르 미 꾸엔따.]

11 추천 👍

recomendación
[ㄹ레꼬멘다씨온]

· 추천할 만한 옷 있어요?

¿Alguna recomendación?
[**알**구나 ㄹ레꼬멘다씨온?]

· 추천할 만한 선물 있어요?

¿Alguna recomendación para regalar?
[**알**구나 ㄹ레꼬멘다씨**온** 빠라 ㄹ레갈라르?]

· 부모님 선물 추천해 주세요.

Recomiéndeme un regalo para mis padres, por favor.
[ㄹ레꼬미**엔**데메 운 ㄹ레갈로 **빠**라 미스 **빠**드 레스, **뽀**르 파보르.]

· 남자 친구 선물 추천해 주 세요.

Recomiéndeme un regalo para mi novio, por favor.
[ㄹ레꼬미**엔**데메 운 ㄹ레갈로 **빠**라 미 **노**비 오, **뽀**르 파보르.]

· 여자 친구 선물 추천해 주 세요.

Recomiéndeme un regalo para mi novia, por favor.
[ㄹ레꼬미**엔**데메 운 ㄹ레갈로 **빠**라 미 **노**비 아, **뽀**르 파보르.]

· 이 옷이랑 어울릴 만한 걸 로 추천 좀 해주세요.

Recomiéndeme algo que combine con esta ropa, por favor.
[ㄹ레꼬미**엔**데메 **알**고 께 꼼비네 꼰 에스따 ㄹ로빠, **뽀**르 파보르.]

쇼핑

12 선물 🎁

regalo
[ㄹ레갈로]

· 선물로 주려고요.
Es un regalo.
[에스 운 ㄹ레갈로.]

· 선물 포장해 주세요.
Envuelva esto para regalar, por favor.
[엔부엘바 에스또 빠라 ㄹ레갈라르, 뽀르 파보르]

· 선물로 뭐가 좋은가요?
¿Qué sería bueno para regalar?
[께 쎄리아 부에노 빠라 ㄹ레갈라르?]

· 이거 선물로 어때요?
¿Qué tal esto para un regalo?
[께 딸 에스또 빠라 운 ㄹ레갈로?]

13 지불 💵

pago
[빠고]

· 지불은 어떻게 하시겠어요?
¿Cómo quiere hacer su pago?
[꼬모 끼에레 아쎄르 쑤 빠고?]

· 신용카드 되나요?
¿Acepta tarjetas de crédito?
[아쎕따 따르헤따스 데 끄레디또?]

· 현금으로 할게요.
Voy a pagar en efectivo.
[보이 아 빠가르 엔 에펙띠보.]

· 여행자 수표 되나요?
¿Acepta cheques de viaje?
[아쎕따 체께스 데 비아헤?]

14 할인 💰

descuento
[데스꾸엔또]

· 할인되나요?
¿Hay descuento?
[아이 데스꾸엔또?]

· 할인 쿠폰 있어요.

Tengo un cupón de descuento.
[뗑고 운 꾸뽄 데 데스꾸엔또.]

15 세일 🏷SALE

rebaja
[ㄹ레바하]

· 이거 세일해요?

¿Esto está rebajado?
[에스또 에스따 ㄹ레바하도?]

· 이거 세일 금액이에요?

¿Este es el precio rebajado?
[에스떼 에스 엘 쁘레씨오 ㄹ레바하도?]

· 이건 세일 품목이 아닙니다.

Esto no está rebajado.
[에스또 노 에스따 ㄹ레바하도.]

16 영수증 📋

recibo
[ㄹ레씨보]

· 영수증 드릴까요?

¿Quiere su recibo?
[끼에레 쑤 ㄹ레씨보?]

· 영수증 주세요.

Quiero el recibo.
[끼에로 엘 ㄹ레씨보.]

· 영수증 안 주셨어요.

No me ha dado el recibo.
[노 메 아 다도 엘 ㄹ레씨보.]

· 영수증 필요해요.

Necesito el recibo.
[네쎄씨또 엘 ㄹ레씨보.]

17 둘러보다 👀

dar una vuelta
[다르 우나 부엘따]

· 그냥 보는 거예요.

Solo estoy mirando.
[쏠로 에스또이 미란도.]

쇼핑

· 혼자 둘러 볼게요.

Voy a dar una vuelta.
[보이 아 다르 우나 부엘따.]

· 도움이 필요하면 부를게요.
감사해요.

Le aviso cuando necesite su ayuda.
¡Gracias!
[레 아비쏘 꾸안도 네쎄씨떼 쑤 아유다.
그라씨아스!]

18 이거 있어요?

¿tiene esto?
[띠에네 에스또?]

· 다른 거 있어요?

¿Tiene otro?
[띠에네 오뜨로?]

· 색깔 다른 거 있어요?

¿Tiene esto de otro color?
[띠에네 에스또 데 오뜨로 꼴로르?]

· 큰 거 있어요?

¿Tiene uno más grande?
[띠에네 우노 마스 그란데?]

· 작은 거 있어요?

¿Tiene uno más pequeño?
[띠에네 우노 마스 뻬께뇨?]

· 진열 안 되어 있던 거 있어요?

¿Tiene uno que no sea de muestra?
[띠에네 우노 께 노 쎄아 데 무에스뜨라?]

19 향수

perfume
[뻬르푸메]

· 향수 보려고요.

Quiero ver perfumes.
[끼에로 베르 뻬르푸메스.]

· 이거 시향해 볼게요.

Quiero probarme esto.
[끼에로 쁘로바르메 에스또.]

· 달콤한 향 있어요?

¿Tiene uno de fragancia dulce?
[띠에네 우노 데 프라간씨아 둘쎄?]

· 상큼한 향 있어요?　　　¿Tiene uno de fragancia fresca?
[띠에네 우노 데 프라간씨아 프레스까?]

20 화장품 🔋

cosméticos
[꼬스메띠꼬스]

· 화장품 보려고요.　　　Quiero ver cosméticos.
[끼에로 베르 꼬스메띠꼬스.]

· 화장품 코너 어디예요?　¿Dónde está la sección de cosméticos?
[돈데 에스따 라 쎅씨온 데 꼬스메띠꼬스?]

· 크림 보여주세요.　　　Muéstreme las cremas, por favor.
[무에스뜨레메 라스 끄레마스, 뽀르 파보르.]

· 립스틱 보여주세요.　　Muéstreme los pintalabios, por favor.
[무에스뜨레메 로스 삔따라비오스, 뽀르 파보르.]

· 파운데이션 보여주세요.　Muéstreme las bases de maquillaje,
por favor.
[무에스뜨레메 라스 바쎄스 데 마끼야헤,
뽀르 파보르.]

· 마스카라 보여주세요.　Muéstreme las máscaras, por favor.
[무에스뜨레메 라스 마스까라스, 뽀르 파보르.]

21 시계 ⏰

reloj
[ㄹ렐로흐]

· 손목시계 보려고요.　　Quiero ver relojes.
[끼에로 베르 렐로헤스.]

· 여성용으로요.　　　　Para mujer, por favor.
[빠라 무헤르, 뽀르 파보르.]

쇼핑

· 남성용으로요.

Para hombre, por favor.
[빠라 옴브레, 뽀르 파보르.]

· 어린이용으로요.

Para un niño, por favor.
[빠라 운 니뇨, 뽀르 파보르.]

22 가방 🛍

bolso
[볼쏘]

· 가방 보려고요.

Quiero ver bolsos.
[끼에로 베르 볼쏘스.]

· 숄더백 보여주세요.

Muéstreme unos bolsos de hombro, por favor.
[무에스뜨레메 우노스 볼쏘스 데 옴브로, 뽀르 파보르.]

· 토트백 보여주세요.

Muéstreme unos bolsos de mano, por favor.
[무에스뜨레메 우노스 볼쏘스 데 마노, 뽀르 파보르.]

· 클러치 보여주세요.

Muéstreme unas carteras de mano, por favor.
[무에스뜨레메 우나스 까르떼라스 데 마노, 뽀르 파보르.]

· 지갑 보여주세요.

Muéstreme carteras, por favor.
[무에스뜨레메 까르떼라스, 뽀르 파보르.]

· 남자 지갑 보여주세요.

Muéstreme unas carteras para hombre, por favor.
[무에스뜨레메 우나스 까르떼라스 빠라 옴브레, 뽀르 파보르.]

· 여자 지갑 보여주세요.

Muéstreme unas carteras para mujer, por favor.
[무에스뜨레메 우나스 까르떼라스 빠라 무헤르, 뽀르 파보르.]

23 주류 🍷

licor
[리꼬르]

· 술은 어디서 사요? | ¿Dónde puedo comprar licores?
[돈데 뿌에도 꼼쁘라르 리꼬레스?]

· 위스키 보여주세요. | Muéstreme whiskys, por favor.
[무에스뜨레메 위스끼스, 뽀르 파보르.]

· 발렌타인 보여주세요. | Muéstreme Ballentines, por favor.
[무에스뜨레메 발렌따인스, 뽀르 파보르.]

· 잭다니엘 보여주세요. | Muéstreme Jack Daniels, por favor.
[무에스뜨레메 작 다니엘스, 뽀르 파보르.]

· 와인 보여주세요. | Muéstreme vinos, por favor.
[무에스뜨레메 비노스, 뽀르 파보르.]

· 제가 몇 병 살 수 있어요? | ¿Cuántas botellas me puedo llevar?
[꾸안따스 보떼야스 메 뿌에도 예바르?]

TIP 스페인어권에서 대표적인 술
멕시코에서는) 떼낄라 tequila [떼낄라]
페루에서는) 삐스꼬 pisco [삐스꼬]
콜롬비아에서는) 아구아르디엔떼 aguardiente [아구아르디엔떼]

24 깨지기 쉬운 🏆

frágil
[프라힐]

· 이거 깨지기 쉬워요. | Esto es frágil.
[에스또 에스 프라힐.]

· 조심하셔야 해요. | Tenga cuidado.
[뗑가 꾸이다도.]

· 잘 포장해 주세요. | Envuélvalo bien, por favor.
[엔부엘발로 비엔, 뽀르 파보르.]

쇼핑

위급상황 필요한 단어

01 **돈 냈어요!**
ya he pagado
[야 에 빠가도]

02 **교환하다**
cambiar
[깜비아르]

03 **환불**
devolución
[데볼루씨온]

04 **이미**
ya
[야]

05 **너무 작은**
demasiado pequeño
[데마씨아도 뻬께뇨]

06 **너무 큰**
demasiado grande
[데마씨아도 그란데]

07 **안 맞아요**
no me entra
[노 메 엔뜨라]

빨리찾아 말하면 OK!

· 이미 돈 냈어요!
¡Ya he pagado!
[야 에 빠가도!]

· 공평하지 않네요.
No es justo.
[노 에스 후스또.]

· 내 잘못이 아니에요.
No es mi culpa.
[노 에스 미 꿀빠.]

· 확인해 보셨어요?
¿Ya lo ha revisado?
[야 로 아 르레비싸도?]

· 경찰을 불러줘요.
Llame a la Policía, por favor.
[야메 알 라 뽈리씨아, 뽀르 파보르.]

· 대사관에 전화하겠어요.
Quiero hacer una llamada a la embajada.
[끼에로 아쎄르 우나 야마다 알 라 엠바하다.]

· 통역사를 불러주세요.
Llame a un intérprete, por favor.
[야메 아 운 인떼르쁘레떼, 뽀르 파보르.]

· 교환하고 싶어요.
Quiero cambiar esto.
[끼에로 깜비아르 에스또.]

· 영수증 있으세요?
¿Tiene el recibo?
[띠에네 엘 르레씨보?]

· 왜 교환하시려고요?
¿Por qué quiere cambiarlo?
[뽀르 께 끼에레 깜비아를로?]

· 어떤 걸로 교환하시겠어요?
¿Por cuál lo quiere cambiar?
[뽀르 꾸알 로 끼에레 깜비아르?]

· 다른 상품을 주셨더라구요.
Me ha dado otro producto.
[메 아 다도 오뜨로 쁘로둑또.]

쇼핑

· 고장났어요. **No funciona.**
[노 푼씨오나.]

· 흠이 있어요. **Tiene una falla.**
[띠에네 우나 파야.]

· 마음에 안 들어요. **No me gusta.**
[노 메 구스따.]

· 사이즈 때문에요. **Por la talla.**
[뽀르 라 따야.]

· 색상 때문에요. **Por el color.**
[뽀르 엘 꼴로르.]

· 디자인 때문에요. **Por el diseño.**
[뽀르 엘 디쎄뇨.]

· 이거 환불하고 싶어요. **Quiero hacer la devolución de esto.**
[끼에로 아쎄르 라 데볼루씨온 데 에스또.]

· 영수증 있으세요? **¿Tiene el recibo?**
[띠에네 엘 ㄹ레씨보?]

· 왜 환불하시려고 하세요? **¿Por qué quiere hacer la devolución?**
[뽀르 께 끼에레 아쎄르 라 데볼루씨온?]

· 결제하셨던 카드 있으세요? **¿Tiene la tarjeta con la que lo pagó?**
[띠에네 라 따르헤따 꼰 라 께 로 빠고?]

· 이미 포장을 뜯긴 했어요. **Ya lo he abierto.**
[야 로 에 아비에르또.]

· 이미 가격표를 뜯긴 했어요. **Ya he quitado la etiqueta.**
[야 에 끼따도 라 에띠께따.]

· 근데 안 썼어요. **Pero no lo he usado.**
[뻬로 노 로 에 우싸도.]

· 다시 한번 확인하세요. **Revíselo de nuevo, por favor.**
[ㄹ레비쎌로 데 누에보, 뽀르 파보르.]

· 너무 작아요.

Es demasiado pequeño.
[에스 데마씨아도 뻬께뇨.]

· 작은 걸로 바꿔 주세요.

Quiero uno más pequeño.
[끼에로 우노 마스 뻬께뇨.]

· 너무 커요.

Es demasiado grande.
[에스 데마씨아도 그란데.]

· 큰 걸로 바꿔 주세요.

Quiero uno más grande.
[끼에로 우노 마스 그란데.]

· 이거 안 맞아요.

No me entra.
[노 메 엔뜨라.]

· 다른 걸로 주세요.

Deme otro, por favor.
[데메 오뜨로, 뽀르 파보르.]

· 이제 교환 안돼요.

Ya no lo puede cambiar.
[야 노 로 뿌에데 깜비아르.]

쇼핑

⚠ 참지 마세요! 할 말은 합시다!
¡No aguante!

내가 한 거 아니에요.
No he sido yo.
[노 에 씨도 요.]

원래 이랬어요.
Estaba así.
[에스**따**바 아**씨**.]

억울해요/불공평해요.
Es injusto.
[에스 인후스또.]

PART 10

귀국할 때

귀국할 때

많은 단어를 알 필요 없다
왜? 말할 게 뻔하니까!

01 **반납하다**   **devolver**
[데볼베르]

02 **확인하다**   **confirmar**
[꼰피르마르]

03 **변경하다**   **cambiar**
[깜비아르]

04 **제한**   **límite**
[리미떼]

05 **연착**   **retraso**
[ㄹ레뜨라쏘]

06 **요청하다**   **pedir**
[뻬디르]

07 **환승**   **transbordo**
[뜨란스보르도]

빨리찾아 말하면 OK!

01 반납하다   devolver
[데볼베르]

· 휴대폰 반납하려고요.
     Quiero devolver el teléfono móvil.
     [끼에로 데볼베르 엘 뗄레포노 모빌.]

· 렌트카 반납하려고요.
     Quiero devolver el coche.
     [끼에로 데볼베르 엘 꼬체.]

02 확인하다   confirmar
[꼰피르마르]

· 제 비행기 확인하려고요.
     Quiero confirmar mi vuelo.
     [끼에로 꼰피르마르 미 부엘로.]

· 제 티켓 확인하려고요.
     Quiero confirmar mi billete.
     [끼에로 꼰피르마르 미 비예떼.]

· 제 자리 확인하려고요.
     Quiero confirmar mi asiento.
     [끼에로 꼰피르마르 미 아씨엔또.]

TIP 티켓을 **중남미에서는)** boleto [볼레또]

03 변경하다   cambiar
[깜비아르]

· 제 비행기 변경하려고요.
     Quiero cambiar mi vuelo.
     [끼에로 깜비아르 미 부엘로.]

귀국

· 제 티켓 변경하려고요.

Quiero cambiar mi billete.
[끼에로 깜비아르 미 비예떼.]

· 제 자리 변경하려고요.

Quiero cambiar mi asiento.
[끼에로 깜비아르 미 아씨엔또.]

04 제한

límite
[리미떼]

· 중량 제한이 얼마예요?

¿Cuál es el límite de peso?
[꾸알 에스 엘 리미떼 데 뻬쏘?]

· 기내 중량 제한은요?

¿Cuántos kilos de equipaje puedo llevar?
[꾸안또스 낄로스 데 에끼빠헤 뿌에도 예바르?]

05 연착

retraso
[ㄹ레뜨라쏘]

· 비행기가 연착되었습니다.

El vuelo ha sido retrasado.
[엘 부엘로 아 씨도 ㄹ레뜨라싸도.]

· 얼마나 기다려요?

¿Cuánto tiempo debo esperar?
[꾸안또 띠엠뽀 데보 에스뻬라르?]

· 다른 비행기로 바꿀 수 있어요?

¿Puedo cambiar mi vuelo?
[뿌에도 깜비아르 미 부엘로?]

06 요청하다 🗣 pedir
[뻬디르]

· 기내식을 채식으로 요청하려고요.
Quiero pedir comida vegetariana.
[끼에로 뻬디르 꼬미다 베헤따리아나.]

· 어린이 기내식 요청하려고요.
Quiero pedir comida infantil.
[끼에로 뻬디르 꼬미다 인판띨.]

· 미리 요청은 안 했어요.
No lo había pedido con antelación.
[노 로 아비아 뻬디도 꼰 안뗄라씨온.]

· 지금 요청이 불가능해요?
¿Es imposible pedir ahora?
[에스 임뽀씨블레 뻬디르 아오라?]

· 좀 해줘요.
Hágame el favor.
[아가메 엘 파보르.]

07 환승 ✈ transbordo
[뜨란스보르도]

· 저 환승 승객인데요.
Soy pasajero/a en transbordo.
[쏘이 빠싸헤로/라 엔 뜨란스보르도.]

· 환승 라운지 어디예요?
¿Dónde está la sala para esperar el transbordo?
[돈데 에스따 라 살라 빠라 에스뻬라르 엘 뜨란스보르도?]

· 경유해서 인천으로 가요.
Hago transbordo para ir a Incheon.
[아고 뜨라스보르도 빠라 이르 아 인천.]

위급상황

필요한 단어

01	잃어버렸어요	**he perdido** [에 뻬르디도]
02	놓쳤어요	**he perdido** [에 뻬르디도]
03	다음 비행편	**siguiente vuelo** [씨기엔떼 부엘로]

빨리찾아 말하면 OK!

· 제 항공권을 잃어버렸어요.
He perdido mi billete de vuelo.
[에 뻬르디도 미 비예떼 데 부엘로.]

· 제 여권을 잃어버렸어요.
He perdido mi pasaporte.
[에 뻬르디도 미 빠싸뽀르떼.]

· 제 수하물표를 잃어버렸어요.
He perdido la etiqueta de mi equipaje.
[에 뻬르디도 라 에띠께따 데 미 에끼빠헤.]

· 제 비행기를 놓쳤어요.
He perdido mi vuelo.
[에 뻬르디도 미 부엘로.]

· 비행기를 놓쳤는데, 누구한테 물어봐요?
He perdido mi vuelo. ¿A quién puedo preguntar?
[에 뻬르디도 미 부엘로. 아 끼엔 뿌에도 쁘레군따르?]

· 다음 비행편은 언제예요?
¿Cuándo es el siguiente vuelo?
[꾸안도 에스 엘 씨기엔떼 부엘로?]

· 전 어떡하나요?
¿Qué tengo que hacer?
[께 뗑고 께 아쎄르?]

· 다른 항공사도 상관없어요.
No me importa viajar con una aerolínea diferente.
[노 메 임뽀르따 비아하르 꼰 우나 아에롤리네아 디페렌떼.]

· 얼마나 추가 요금이 붙는데요?
¿Cuánto es el coste adicional?
[꾸안또 에스 엘 꼬스떼 아디씨오날?]

TIP 티켓을 중남미에서는) boleto [볼레또]

⚠ 참지 마세요! 할 말은 합시다!
¡No aguante!

저 잘못 들어왔어요.

Estoy en el lugar equivocado.
[에스**또**이 엔 엘 루**가**르 에끼보**까**도.]

시간이 촉박해요.

Tengo mucha prisa.
[**뗑**고 무차 쁘리사.]

제 환승 게이트 찾는 거 좀 도와주세요.

Ayúdeme a encontrar mi puerta de embarque, por favor.
[아**유**데메 아 엔꼰뜨**라**르 미 뿌**에**르따 데
엠바르께, 뽀르 파**보**르.]

스페인·중남미
여행 정보 Tip

✈ 스페인

가기 좋은 스페인 주요 도시

바르셀로나 Barcelona

마드리드 Madrid

톨레도 Toledo

세비야 Sevilla

그라나다 Granada

la-la-la

1. 스페인의 중심, 마드리드

인구 약 300만 명의 스페인 수도. 인구 수는 우리나라 부산과 비슷하다. 이베리아 반도의 경제 중심지로서 스페인 정계의 중심이고, 역사적인 명소와 현대적인 미를 갖춘 도시이다. 세계적으로 유명한 축구팀인 레알 마드리드 CF의 본고장이기도 한 마드리드! 다양한 볼거리와 음식을 맛보고 싶다면 마요르 광장과 쏠 광장에 이어진 골목들을 찾아가 보는 것도 팁!

※ 관련 정보는 변경될 수 있으니 반드시 사전에 해당 정보를 정확하게 살펴보시기 바랍니다.

마드리드에서 가볼 만한 곳

✔ 쏠 광장 Puerta del Sol[뿌에르따 델 쏠] & 마요르 광장 Plaza Mayor[쁠라싸 마요르]

유럽은 광장으로 통한다! 마드리드의 대표적인 광장 쏠 광장과 마요르 광장을 가 보자. 마드리드 중심에 뻗어 있는 그란비아 거리를 따라 쏠 광장으로 이어지는 까예 쁘레씨아도스'는 쇼핑 중심가이다. 스페인 유일한 대형 백화점인 엘 꼬르떼 잉글레스 및 우리에게 낯익은 ZARA, MANGO 등 다양한 스페인 브랜드도 있다. 또한, 마요르 광장에 갔다면 '보까디요 데 깔라마레스'를 꼭 먹어 보자! 오징어 튀김이 들어간 샌드위치로 짭짤한 맛이 일품이다.

✔ 마드리드 왕궁 Palacio Real de Madrid[빨라씨오 ㄹ레알 데 마드릿]

마드리드 왕궁에는 왕이 살고 있을까? 스페인 왕실의 공식 관저인 마드리드 왕궁에는 실질적으로 국왕과 가족이 살지 않는다는 사실. 국왕과 가족은 마드리드 외곽에 있는 싸르쑤엘라 궁에 머물고 있다. 국가적인 상황에 사용되고 있으며, 유럽에서도 아름다운 궁전으로 손꼽힌다. 가볍게 산책을 하고 싶다면 마드리드 궁전에서 가까운 싸바띠니 정원에 가 보는 것도 추천!

✅ 알무데나 대성당 Catedral de la Almudena [까떼드랄 델 라 알무데나]

마드리드 왕궁 옆자리에 마드리드를 대표하는 성당인 알무데나 대성당이 있다. 현대적이면서도 깔끔한 외관과 웅장하고 화려한 내부는 단번에 시선을 사로잡는다. 스페인 국토회복운동 당시 아랍어로 '알무데나'라고 부르는 성벽에서 성모상이 발견된 데서 이름이 유래되어 '알무데나 대성당'이라고 이름 붙여졌다. (알무데나는 아랍어로 성벽 또는 요새라는 뜻이다.) 특히, 내부 천장 장식이 특이하고 밤에 조명이 켜진 성당의 모습이 매우 아름답다. 입장료 없이 입장할 수 있다.

✅ 에스타디오 산티아고 베르나베우
Estadio Santiago Bernabéu [에스따디오 싼띠아고 베르나베우]

유럽 최고의 명문 구단 '레알 마드리드 CF'의 홈구장! 유럽 여행을 하면서 축구장마다 찾아 다니는 성지 순례자들이라면 산띠아고 베르나베우 투어를 추천한다. 경기장에 도착한 순간 베컴, 라울, 호날두 등 전설적인 축구 선수들의 흔적들을 고스란히 느낄 수 있다. 레알 마드리드와 FC 바르셀로나의 엘 끌라씨꼬(El Clásico) 경기의 열기를 온전히 느낄 수 있는 곳! 선수들이 사용하는 락커룸, 샤워장, 기자회견실 등을 모두 구경할 수 있지만 경기장 잔디에는 들어갈 수 없다는 점을 염두에 두자.

✔ 프라도 미술관 Museo Nacional del Prado[무쎄오 나씨오날 델 쁘라도]

마드리드에 왔다면 꼭 가야 하는 곳, 프라도 미술관! 스페인 출신의 세계적인 거장 디에고 벨라스께스, 프란씨스꼬 고야, 엘 그레꼬를 비롯한 수많은 화가들의 그림이 소장되어 있는 대형 미술관으로서 단연 세계적인 수준의 규모를 자랑한다. 마드리드 아또차 역에서 도보로 10분 정도 소요되며, 월요일부터 토요일까지는 18시 ~ 20시, 일요일과 공휴일은 17시 ~ 19시까지 무료로 관람할 수 있다는 것을 꼭 알아두자! (단, 무료 관람 시간에는 항상 사람들로 붐비니 미리 가서 입장 시간까지 기다리는 것이 좋다.)

2. 스페인의 자존심, 바르셀로나

스페인에서 두 번째로 큰 도시로 지중해 연안과 맞닿아 있는 까딸루냐 지방의 중심 도시다. 화가 빠블로 삐까쏘, 건축가 안또니오 가우디 등 많은 예술가들을 배출한 도시로서, 풍부한 볼거리와 관광을 두루두루 즐길 수 있는 스페인 최대의 관광지다. 세계인들이 배우는 스페인어인 까스떼야노와 함께 고유의 지방 언어인 까딸란어를 함께 사용하며 지역의 자존심을 지켜 나가는 매력적인 도시 바르셀로나!

바르셀로나에서 가 볼 만한 곳

✔ 성가족 성당 La Sagrada Familia[라 싸그라다 파밀리아]

스페인 까딸루냐 출신의 천재 건축가 안또니오 가우디의 최고의 걸작으로 손꼽히는 성가족 성당(라 싸그라다 파밀리아)! 프라도 미술관, 알람브라 궁전과 함께 스페인에서 가장 인기가 높은 건축물 중 하나이다. 성가족 성당을 방문하면 반드시 꼭대기까지 올라가 보자. 바르셀로나를 한눈에 볼 수 있는 기회! 또한, 많은 사람들에게 사랑 받는 건축물인 만큼 미리 입장권을 예약하고 가야 매표소 앞의 긴 줄을 피할 수 있으니 참고하도록 하자.

✔ 구엘 공원 Parque Güell[빠르께 구엘]

1984년 유네스코 세계유산에 등록된 안또니오 가우디의 또 다른 작품, 구엘 공원! 다양한 색깔의 모자이크로 장식된 화려하면서도 신비로운 느낌의 작품들로 가득한 이곳에서는 사람들이 따사로운 햇살을 받으며 휴식을 즐기는 모습도 볼 수 있다. 공원 입장은 무료이니 멀리 지중해와 바르셀로나 시내가 한눈에 보이는 곳을 찾고 있다면 구엘 공원을 추천한다.

✔ 캄 노우 Spotify Camp Nou[스포티파이 깜 노우]

바르셀로나의 자존심, 레알 마드리드의 영원한 라이벌 FC 바르셀로나의 홈구장, 캄 노우! 캄 노우는 까딸란어로 '새로운 경기장'이라는 뜻이다. 유럽에서 가장 큰 축구 경기장으로 유명하다. 바르셀로나에 갔다면 캄 노우 투어는 필수 코스! 이름만 들어도 알 법한 유명한 축구 선수들을 간접적으로 만날 수 있는, 축구 팬이라면 꼭 가봐야하는 곳.

⚓ 바르셀로네타 해변 Playa de la Barceloneta[쁠라야 델 라 바르쎌로네따]

바다의 낭만과 자유로움이 있는 곳. 관광지를 찾아 다니는 것에 지쳤다면 바르셀로네타 해변에서 잠시 쉬어 가는 것은 어떨까? 바르셀로네타 해변은 바르셀로나를 대표하는 해변이다. 자유롭게 태닝을 즐기는 사람들과 다양한 레포츠를 즐기는 사람들을 쉽게 찾아 볼 수 있다.

⚓ 벙커스 델 카르멜 Bunkers del Carmel[분께르스 델 까르멜]

해질녘 조용하게 바르셀로나 전경을 감상하고 싶다면 '벙커스 델 카르멜'을 소개한다. 360도로 바르셀로나를 볼 수 있는 매우 감성적인 장소로서 바르셀로나 최고의 전망대로 손꼽힌다. 스페인 내전 당시 벙커로 사용되었던 곳으로 현재는 누구나 무료로 방문할 수 있다. 바르셀로나 사람이라면 최고의 낭만적인 장소로 손꼽는 '벙커스 델 카르멜'은 아직 관광객들에게 많이 알려지지 않은 곳이라서 더욱 매력적인 장소다. 노을 지는 바다를 감상하며 노천 레스토랑에서 해산물 요리를 즐겨 보는 것도 좋다.

3. 스페인 중세 시대로의 여행! 톨레도

수도 마드리드에서 한 시간 반 거리에 있는 도시 톨레도! 유대 문화 및 기독교 문화와 이슬람 문화가 한 도시에 묘하게 공존하며 멋진 화음을 내는 곳이다. 타호 강으로 둘러싸인 톨레도는 중세 시대 스페인의 모습을 잘 간직하고 있는 도시로도 유명하다.

톨레도에서 가 볼 만한 곳

⚓ 톨레도 전망대 Mirador del Valle[미라도르 델 바예]

중세에 온 듯한 착각을 불러일으키는 곳, 도시 자체가 문화 유적지인 톨레도를 한눈에 보고 싶다면 톨레도 전망대를 추천한다. 소코도베르 광장 중앙에 위치한 소코트렌을 타면 전망대까지 갈 수 있다. 단, 오른쪽에 앉아야 아름다운 경치를 즐길 수 있다는 것은 팁!

✔ 엘 그레코 미술관 **Casa y Museo de El Greco[까싸 이 무쎄오 데 엘 그레꼬]**

스페인 3대 화가로 꼽히는 엘 그레꼬의 다양한 작품을 만날 수 있는 곳. 엘 그레꼬
가 살던 모습을 실제적으로 재현해 놓은 곳으로서 그의 자취를 느낄 수 있는 곳이다.
<톨레도의 전경>, <그리스도와 제자들>, <베드로의 눈물> 등과 같은 유명 작품들을
볼 수 있다.

4. 투우와 플라멩코의 본고장, 세비야!

'스페인' 하면 열정을 빼놓을 수 없다. 그 열정의 중심에 있는 도시가 바로 '세비야'이다.
안달루시아 지방의 예술, 문화, 금융의 중심 도시이자 스페인에서 4번째로 큰 도시로서
투우와 플라멩코의 본고장이기도 하다. 골목, 거리마다 스페인 사람들의 에너지와 열정
이 고스란히 느껴지는 열정의 땅, 세비야!

세비야에서 가 볼 만한 곳
✔ 스페인 광장 **Plaza de España[쁠라싸 데 에스빠냐]**

스페인에서 가장 스페인다운 안달루시아 지방, 그곳에 위치한 세비야의 스페인 광장
을 보는 순간 탄성이 나올 정도로 아름다움을 뽐낸다. 아치형 기둥 아래 벽면에 남겨
진 역사적인 흔적들이 광장의 웅장함을 더해 주는 듯하다. 특히, 작고 아름다운 돌과
같은 알록달록한 채색 타일이 눈길을 사로잡는다. 배우 김태희가 CF에서 플라멩코를
췄던 곳으로도 유명한 세비야 스페인 광장! 곳곳에 숨겨진 이슬람의 흔적들을 찾아보
는 것도 흥미롭다.

♥ 세비야 대성당 Catedral de Sevilla[까떼드랄 데 쎄비야]

스페인 최대의 성당이자 유럽에서 3번째로 큰 규모를 자랑하는 세비야 성당. 이슬람 건축과 고딕 양식, 르네상스 양식이 고루고루 조화를 이루고 있어 독특함과 우아함이 돋보인다. 대성당에 들어가면 오렌지 나무들이 줄지어 있는 오렌지 정원이 나오는데 나무에 주렁주렁 달려 있는 오렌지가 탐스럽고 싱그럽다. 세비야 대성당의 핵심은 바로 콜럼버스의 관. 관을 옮기는 이의 오른발을 만지면 사랑하는 이와 세비야를 찾게 되고, 왼발을 만지면 부자가 된다는 말이 전해진다. 성당 내부에 연결되어 있는 히랄다탑을 걸어 올라가면 세비야 시내 전체를 한눈에 볼 수 있다.

5. 안달루시아의 꽃, 그라나다

스페인에서 이슬람 세력의 마지막 근거지였던 그라나다. 이곳에는 이슬람 왕국의 요새와 궁전, 사원, 대학 등 많은 유적들이 남아 있다. 문화 유적이 많아 스페인 사람들뿐만 아니라 유럽과 아시아 등 세계 각국에서 많은 관광객들이 찾는 관광 도시이기도 하다. 안달루시아 지방의 꽃이라고도 할 수 있는 그라나다는 스페인 남부 여행에서 절대 빼놓을 수 없는 도시다.

그라나다에서 가 볼 만한 곳

♥ 알람브라 궁전 Alhambra[알람브라]

'현존하는 이슬람 건축의 최고 걸작', '안달루시아의 보석'으로 불리는 알람브라 궁전! 섬세함과 정교함의 극치로 손꼽힌다. 건물의 눈부신 광채와 고급스러운 외관 때문에 무어인 출신의 시인들은 알람브라 궁전을 두고 '에메랄드 속의 진주'라고 표현했을 정도. 대리석 기둥과 아치형의 건물, 내부에 자유롭게 퍼지는 햇살이 전체 공간을 우아하게 밝힌다.

✈ 멕시코

1. **수도** : 멕시코 시티 Ciudad de México [씨우닷 데 메히꼬]

2. **화폐** : peso [뻬소]

3. 주 멕시코 대사관 주소 및 연락처

- 주소: Lope Diaz de Armendariz 110, Col. Lomas de Virreyes Del. Miguel Hidalgo, México D.F.

- 연락처: (52-55) 5202-9866

4. 긴급 전화

긴급 의료 서비스 : 065

경찰서 : 066(지방 경찰) 088(연방 경찰)

5. 멕시코를 여행할 때 조심해야 하는 위험 지역

✐ 위험 지역

Tamaulipas[따마우리빠스], Nuevo león[누에보 레온], Chihuahua[치와와], Michoacán [미초아깐] 등

✐ 주의 지역

Durango[두랑고], Sonora[쏘노라], Sinaloa[씬알로아], Guerrero[게르레로], Baja California [바하 깔리포르니아] 등

6. 추천 음식

✐ Tacos al pastor[따꼬스 알 빠스또르]

멕시코에서 가장 유명한 음식은 바로 '따꼬(타코)'입니다. 특히, 돼지고기를 활용한 Tacos al pastor[따꼬스 알 빠스또르]가 가장 보편적인데, 멕시코에서 따꼬 가게에 갔을 때 이 메뉴가 없다면 그 집의 음식 맛을 의심해봐야 할 정도로 꼭 먹어봐야 하는 음식입니다.

✐ Pozole[뽀쏠레]

우리나라의 삼계탕이 생각나는 메뉴입니다. 옥수수와 닭, 또는 돼지를 넣고 푹 우려낸 수프인데 입맛에 따라 신선한 양배추를 듬뿍 넣어 레몬이나 매운 소스를 뿌려 먹기도 합니다.

⚔ Chile en nogada[칠레 엔 노가다]

고추 안에 잘게 다진 고기와 과일을 채워 익힌 후에 호두 크림, 미나리, 석류 등을 곁들여 먹는 음식입니다. 크림(하얀색), 미나리(초록색), 석류(빨간색)의 색깔 때문에 멕시코를 상징하는 음식으로 알려져 있습니다.

7. 멕시코시티 추천 관광 명소

⚔ 차뿔떼뻭 성 Castillo de Chapultepec[까스띠요 데 차뿔떼뻭]

차뿔떼뻭 공원 안에 위치한 '차뿔떼뻭 성(Castillo de Chapultepec [까스띠요 데 차뿔떼뻭])'은 차뿔떼뻭 지하철역 앞에 위치하고 있습니다. 역 앞에 내리면 바로 정문으로 들어 갈 수 있고, 성을 둘러보는 데 1~2시간 정도 소요되어 가볍게 산책하기 좋습니다.

⚔ 태양의 피라미드 Pirámide del Sol[삐라미데 델 쏠]

멕시코 시티를 가셨다면, Teotihuacan[떼오띠우아깐]을 추천해 드립니다. 이곳에 방문하 시면, 웅장함 바로 그 자체인 '태양의 피라미드 (Pirámide del Sol [삐라미데 델 쏠])'를 만 나보실 수 있답니다. 높이가 64.5m나 되어 제일 꼭대기까지 올라가 보는 것도 좋습니다.

※ 관련 정보는 변경될 수 있으니 반드시 사전에 해당 정보를 정확하게 살펴보시기 바랍니다.

'멕시코' 하면 생각나는 Cancún[깐꾼]

멕시코의 대표적인 관광 명소인 Cancún[깐꾼]은 세계관광기구(UNWTO)에서 선정한 세계 최고의 관광지 중 하나입니다.
멕시코 남부의 Quintana Roo[낀따나 로로] 지방에 위치해 있으며, 멕시코 시티에서는 1,700km 가량 떨어져 있습니다. 근처에는 유명한 '여자들의 섬(Isla mujeres[이슬라 무헤레스])'이 위치해 있고, 세계에서 가장 아름다운 10대 해변 중 하나로 선정된 Tulum[뚤룸]이라는 해변도 구경할 수 있습니다.

+ 한 마디 플러스~!

. 멕시코 시티에서 깐꾼으로 어떻게 가요? 얼마나 걸릴까요?

¿Cómo puedo ir de Ciudad de México a Cancún? ¿Cuánto tiempo se tarda?
[꼬모 뿌에도 이르 데 씨우닷 데 메히꼬 아 깐꾼?] [꾸안또 띠엠뽀 쎄 따르다?]

✈ 아르헨티나

1. **수도** : 부에노스 아이레스 Buenos Aires [부에노스 아이레스]

2. **화폐** : peso [뻬쏘]

3. 주 아르헨티나 대사관 주소 및 연락처

- 주소: Av. del Libertador 2395, Ciudad Autónoma de Buenos Aires, (1425)
  Argentina
- 연락처: (54-11) 4802-8865/8062

4. 긴급 전화

모든 비상, 응급 전화: 911 / 긴급 의료 서비스: 107 (앰뷸런스 요청) / 경찰: 101

5. 추천 음식

✓ Locro[로끄로]

안데스 지방에서 많이 먹는 이 음식은 호박, 콩, 감자, 옥수수와 돼지고기를 함께 넣고 끓인 음식입니다. 걸쭉하면서도 구수함과 단맛이 어우러져, 빵과 곁들여 먹으면 가볍게 한 끼를 해결할 수 있습니다. 지금 아르헨티나에 계시다면 현지인들이 즐겨 먹는 음식인 Locro [로끄로]를 꼭 한번 맛보세요!

* 안데스 지방은 아르헨티나에서 칠레 북쪽, 볼리비아, 에콰도르, 파라과이, 페루를 거쳐 콜롬비아에 이르는 지역을 뜻합니다.

✓ Asado argentino[아싸도 아르헨띠노]

소고기를 아르헨티나 식으로 구운 요리로, 아르헨티나에 가면 하루에 한 번 먹어도 질리지 않을 음식입니다. 그 정도로 맛과 품질이 뛰어나다고 잘 알려져 있습니다. 최고급 목축 환경을 가진 아르헨티나에 들르면 꼭 한 번 먹어보아야 할 음식입니다.

✓ Choripán[초리빤]

흔히 우리가 생각하는 소시지를 Chorizo[초리쏘]라고 부릅니다. 이 소시지를 넣어 만든 샌드위치가 바로 Choripán[초리빤]인데요. 출출할 때 현지인들도 자주 찾는 음식이니, 꼭 한번 맛보세요.

6. 추천 관광 명소(부에노스 아이레스)

✓ 작은길(오솔길) Caminito[까미니또]

형형색색의 길과 목재 건물이 늘어서 있는 Caminito[까미니또]는 부에노스 아이레스만의 색깔을 보여주는 곳입니다. 화려하고 독특한 색채 덕분에 이 거리를 중심으로 많은 선물 가게, 레스토랑이 모여 있습니다. 특히, 이곳에서는 거리에서 춤을 추고 있는 탱고 댄서들도 자주 볼 수 있다고 하니 꼭 가봐야하겠지요?

☑ 분홍빛 저택 Casa rosada[까싸 ㄹ로싸다]

스페인 건축 양식인 로코코 양식으로 지어진 아르헨티나 대통령궁입니다. 건물의 색깔이 분홍색이라 "분홍빛 저택"이라 불리는데요. 주말에는 대통령궁 안쪽 길로 들어가볼 수 있다고 하니, 햇살 좋은 주말에 방문해 보시는 것을 추천해 드립니다.

☑ 떼아뜨로 꼴론 극장Teatro Colón[떼아뜨로 꼴론]

1908년 개장 이래 세계적인 거장, 발레단 등이 공연을 하며 세계에서 손꼽히는 극장으로 자리매김하였습니다. 웅장한 외관도 볼거리이지만 뛰어난 음향 시설을 갖추고 있어 기회가 된다면 직접 공연을 보는 것을 추천해 드립니다.

※ 관련 정보는 변경될 수 있으니 반드시 사전에 해당 정보를 정확하게 살펴보시기 바랍니다.

'아르헨티나' 하면 생각나는?

탱고의 정확한 기원은 알 수 없으나 1880년대 아르헨티나의 수도인 부에노스 아이레스에서 다양한 종류의 노래와 춤이 결합되면서 탄생했다고 보고 있다. 이 시기에 쿠바 선원과 아프리카 흑인 노예, 그리고 전쟁으로 생계를 잃은 유럽 이민자들이 대거 아르헨티나로 유입되었다.

전통적인 탱고에서는 남녀의 역할이 정해져 있다. 여자 파트너는 남자 파트너의 리드에 따라 관능적인 아름다움을 표현한다. 전쟁하듯 화려하고 절도 있는 움직임을 주고받기도 하지만, 때로는 애절한 선율에 맞춰 슬픔을 표현하기도 한다. 새로운 땅에 정착하기 위해 힘겹게 투쟁하던 이민자와 노예의 모습과 많이 닮아 있다.

+ 한 마디 플러스~!

· 탱고 배우고 싶어요.

Me gustaría aprender el tango.

[메 구스따**리**아 아쁘렌**데**르 엘 **땅**고]

✈ 칠레

1. **수도** : 산티아고 Santiago [싼띠아고]
2. **화폐** : peso [뻬쏘]
3. 주 칠레 대사관 주소 및 연락처
- 주소: Alcántara 74, Las Condes, Santiago, Chile
- 연락처 : (+56-2) 2228-4214

4. 긴급 전화
긴급 의료 서비스: 131 (엠뷸런스) / 경찰서: 133

5. 추천 음식

❦ Pastel de choclo[빠스뗄 데 초끌로]
칠레의 전통 요리로서, 옥수수와 고기의 구수한 맛과 바질 향의 조화가 인상적인 음식입니다. 바질 향만 괜찮다면, 우리 입맛에도 딱 맞는 요리입니다.

❦ Empanada de pino[엠빠나다 데 삐노]
남미 국가에서는 공통적으로 다진 고기를 넣어 만든 'Empanada[엠빠나다]'라는 남미식 만두를 즐겨 먹습니다. 특히, 칠레 사람들이 이 음식을 즐겨 먹는데요. 따뜻할 때 한 입 베어 물면 입안에서 퍼지는 육즙의 맛이 일품입니다.

❦ Mote con huesillos[모떼 꼰 우에씨요스]
여행 중, 더위와 갈증으로 힘이 든다면 'Mote con huesillos[모떼 꼰 우에씨요스]'를 추천해 드립니다. 곡물, 말린 복숭아, 설탕 혹은 꿀을 넣어 만든 이 음료는 옛날에는 귀족들만 마시던 음료였다고 하네요. 모떼 꼰 우에씨요스 한 잔으로 갈증을 날려 버리고 즐거운 여행을 계속해 보는 것도 좋겠습니다.

6. 추천 관광 명소(산띠아고)

✅ 메트로폴리탄 공원 Parque metropolitano[빠르께 메뜨로뽈리따노]

산띠아고 도시 안에 위치한 이 공원은 높은 언덕들로 둘러싸여 형성되어 있습니다. 세계에서 4번째로 큰 크기를 자랑하듯, 안에는 수목원, 동물원, 신전, 일본식 정원, 케이블카 등이 있습니다. 특히, 공원 안에 있는 San Cristóbal[싼 끄리스또발] 언덕에 올라가면 수도인 산띠아고가 한눈에 들어오는 것이 특징이지요.

✅ 붉은 저택 Casa colorada[까싸 꼴로라다]

산띠아고 아르마스 광장에 인접해 있는 Casa colorada[까싸 꼴로라다]는 식민지 시대의 건축물 중 가장 보존이 잘 된 건축물로서, 1981년 리모델링을 거친 후 박물관으로 새롭게 개장하였습니다. 전체적으로 건물이 붉은 색을 띠고 있어 '붉은 저택'이라 불립니다.

※ 관련 정보는 변경될 수 있으니 반드시 사전에 해당 정보를 정확하게 살펴보시기 바랍니다.

'칠레' 하면 생각나는?

칠레는 세계 7위의 와인 생산국입니다. 이제는 국내에서도 손쉽게 칠레산 와인을 접할 수 있는데요. 원산지에서 즐길 수 있는 칠레산 와인 중 최고로 손꼽히는 와인이 있으니, 기회가 된다면 현지에서 즐겨보는 것도 좋겠습니다.

✅ 칠레 와인 TOP 6

1. Agustinos Gran Reserva 2007 Pinot Noir
2. Almaviva
3. Concha y Toro Cabernet Sauvignon "Don Melchor"
4. Concha y Toro Carmín de Peumo 2005 Carmenere
5. Casa Lapostolle Clos Apalta 2005
6. Matetiq EQ Syrah 2010

※ 비교적 저렴한 와인을 원하신다면 소믈리에에게 가격대와 취향을 말하고, 추천해달라고 요청하세요.

+ 한 마디 플러스~!

· 저렴하고 좋은 와인 추천해 주세요.

¿Me puede recomendar un vino moderado y económico?
[메 뿌**에**데 르레꼬멘**다**르 운 **비**노 모데**라**도 이 에꼬**노**미꼬?]

✈ 페루

1. 수도 : 리마 Lima [리마]

2. 화폐 : nuevo sol [누에보 쏠]

3. 주 페루 대사관 주소 및 연락처

- 주소: Calle Guillermo Marconi 165, San Isidro, Lima, Perú

- 전화: (51-1) 632-5000

4. 긴급 전화

긴급 구조(화재): 116 / 경찰서: 105, 225-0202

5. 추천 음식

✓ Causa rellena [까우싸 ㄹ레예나]

감자의 원산지로 알려져 있는 페루가 자랑하는 고산지대 감자를 이용해 만든 음식입니다. 감자 퓨레를 접시 위에 깔고 위에 닭고기, 계란, 아보카도 등등을 올려 다시 감자 퓨레를 덮은 후 차게 식혀서 마요네즈 또는 남미 고추 소스를 곁들여 먹는 음식입니다. 페루에서 감자의 맛을 제대로 보기 원하신다면 Causa rellena [까우싸 ㄹ레예나] 를 추천해 드립니다.

✓ Ají de gallina [아히 데 가이나]

페루를 여행하실 때, 페루만의 닭고기 요리가 궁금하다?! 그렇다면, Ají de gallina [아히 데 가이나]를 추천합니다. 생김새는 흡사 카레와 비슷한데, 닭, 고추, 우유 등으로 만든 음식으로 감자나 흰쌀밥을 곁들여 먹습니다.

✓ Ceviche [쎄비체]

중남미의 대표적인 해산물 요리입니다. 다른 나라에서도 Ceviche[쎄비체]를 즐겨 먹지만, 특히 페루 사람들의 쎄비체 사랑은 아주 특별한데요. 그만큼 쎄비체의 종류도 매우 다양합니다. 새콤하고 매콤한 해산물 요리에 도전해 보고 싶으신 분들께 추천합니다.

6. 추천 관광 명소(리마)

✓ 레쎄르바 공원 Parque de la reserva [빠르께 델 라 ㄹ레쎄르바]

페루의 수도 리마에 위치한 공원으로 프랑스 건축가 Claude Sahut [클라우드 사훗]이 신고전주의 형식으로 만든 공원입니다. 곳곳에 페루 예술가들의 작품이 전시되어 있고,